Como Ficar Rico Utilizando o Princípio-Estrela

RICHARD KOCH

COMO FICAR RICO UTILIZANDO O PRINCÍPIO-ESTRELA

UM MÉTODO INOVADOR PARA OBTER O SUCESSO

TRADUÇÃO
CARLOS SZLAK

Ediouro

Título original
The Star Principle: How it Can Make You Rich

Editor associado: A. P. Quartim de Moraes
Assistente editorial: Márcia Batista
Coordenadora de produção: Adriane Gozzo
Assistente de produção: Juliana Campoi
Editora de arte: Ana Dobón
Preparação: Tuca Farias
Revisão: Agnaldo Alves
Editoração eletrônica: Dany Editora Ltda.

Dados Internacionais de Catalogação na Publicação (CIP)
(Câmara Brasileira do Livro, SP, Brasil)

Koch, Richard
Como ficar rico utilizando o princípio-estrela : um método inovador para obter o sucesso / Richard Koch ; tradução Carlos Szlak. — São Paulo : Ediouro, 2008.

Título original: The star principle.
ISBN 978-85-00-02387-3

1. Estratégia empresarial 2. Liderança 3. Riqueza 4. Sucesso em negócios I. Título.

08-06393 CDD-650.12

Índice para catálogo sistemático:

1. Enriquecimento : Sucesso financeiro : Administração 650.12

Rua Nova Jerusalém, 345 – Bonsucesso
Rio de Janeiro – RJ – CEP 21042-235
Tel.: (21) 3882-8200 Fax: (21) 3882-8212 / 3882-8313
www.ediouro.com.br

Para Matthew e Tocker, com agradecimentos especiais para Rhona e Charles.

SUMÁRIO

AGRADECIMENTOS

Convivo com a idéia de escrever este livro desde que comecei a trabalhar no Boston Consulting Group (BCG), o que parece já ter acontecido faz uma eternidade. A obra é uma fusão da minha primeira vida como consultor estratégico, da minha segunda, como empreendedor e investidor, e da minha terceira, como autor. Até certo ponto, devo agradecer aos milhares de ex-colegas e ex-clientes por seus *insights*. No entanto, a idéia do negócio-estrela, em todo seu esplendor, pode ser atribuída a uma única pessoa: Bruce Henderson, fundador do BCG, e talvez o mais influente pensador empresarial de todos os tempos. Quando tive o inacreditável privilégio de conhecê-lo, Bruce já era um manda-chuva, e eu, o menos graduado dos funcionários. Bruce nunca deixava de conversar com alguém que estivesse interessado em suas idéias. Era uma característica dele. Seus argumentos eram desafiadores, sempre instigando os pensamentos do interlocutor.

Por me ajudarem a desenvolver minhas idéias sobre empreendimentos de risco do tipo estrela, tenho uma grande dívida de gratidão com meus antigos sócios, Iain Evans, Jim Lawrence e Peter Johnson, da LEK, e Robin Field, Anthony Rice, Nick Dodd e Jamie Reeve, da SVP.

A idéia para o livro surgiu a partir de discussões com Nicholas Brealey e Sally Lansdell: tudo de bom para eles. Fiona Lindsay realizou um trabalho notável como agente deste livro e do anterior, contando com a ajuda da excelente Mary Bekhait. Também agradeço ao meu maravilhoso "comitê editorial" de amigos: Mary

Saxe Falstein, Martin Nye, Robin Field, Jamie Reeve, Peter Johnson, Rick Haller, Chris Outram, Anthony Rice, Chris Eyles, Graham Ross Russel e Matthew Grimsdale. Douglas Blowers criou as ilustrações com grande competência, e, como sempre, Aaron Calder proporcionou todo tipo de ajuda. Na editora Piatkus, foi muito bom trabalhar com Alan Brooke e Denise Dwyer.

Por fim, agradeço a todos os empreendedores que tornaram tudo isso possível, em especial David Collischon, Robin Field, André Plisnier, Denis Blais, John Murphy, Charles Rolls, Andrew Black, Edward Wray, Iain Evans e Jim Lawrence. Muitos deles fizeram comentários sobre o texto, e André, David e Charles não mediram esforços para garantir que as idéias sobre suas empresas estavam corretas. Todas as incorreções são, sem dúvida, inteiramente minhas.

Devo criar um sistema ou ser escravizado por outro homem.
Não vou raciocinar nem comparar; meu negócio é criar.

William Blake

Não somos capazes de resistir à invasão das idéias.

Victor Hugo

INTRODUÇÃO

LA DOLCE VITA PARA VOCÊ?

No final dos anos 1990, Andrew Black, conhecido como Bert pelos amigos, teve uma idéia. Como ex-jogador profissional, ele tinha o hábito de jogar pôquer a noite toda. Além de ganhar, o que Bert mais gostava era do fato de não ter de gastar nada nessa atividade. Não havia corretores de apostas para morder boa parte do lucro. Coletivamente, o pôquer com os amigos era um jogo de soma zero. Se um amigo perdia, um outro ganhava. No entanto, nas corridas de cavalo e em outros jogos, as pessoas não podiam fazer apostas entre si nem evitar o pagamento de boas somas de dinheiro para os corretores.

A não ser que Bert fizesse algo a respeito. E ele fez. Com o irmão de um amigo, Bert criou uma "central de apostas" chamada Betfair. Uma central de apostas funciona como um *bookmaker* entre diversos apostadores, cobrando uma comissão bem pequena, uma fração do que os corretores cobram quando definem as probabilidades das apostas.

A Betfair começou a funcionar em setembro de 2000, com um capital de cerca de 1 milhão de libras esterlinas, reunido entre amigos e familiares; nenhum capitalista de risco investiu no empreendimento. No início de 2001, a Betfair era um pequeno negócio, cujo caixa se esvaziava rapidamente. Apesar das perspectivas mais do que nebulosas do negócio, e do seu insucesso em progredir no mundo das apostas, investi com satisfação 1,5 milhão de libras na Betfair. Não precisei refletir muito sobre isso, pois a Betfair era um tipo específico de negócio que o Boston Consulting Group chama de "empresa-estrela".

(Nos dois capítulos seguintes, explicarei o que é um negócio-estrela. Por enquanto, acredite em mim: você será capaz de identificar facilmente um negócio-estrela ao ver um deles, e começar um negócio desse tipo também será possível, se você souber exatamente o que está querendo.)

Por que devemos nos interessar por isso? Porque, atualmente, Bert Black e Ed Wray, seu sócio desde o início do negócio, ganharam centenas de milhões de libras com a Betfair, e muito provavelmente vão se tornar bilionários; e porque eu também descobri uma mina de ouro, ainda que não tenha sido um dos fundadores da empresa, nem um dos primeiros investidores. Meu primeiro investimento — poucos meses depois do início das atividades da Betfair — multiplicou-se por 53. No total, ganhei mais de 100 milhões de libras com o negócio.

A Betfair não é um exemplo isolado. Fiz outros quatro investimentos em empresas-estrela. Apenas em um dos casos fui um dos sócios fundadores e trabalhei diretamente no negócio. Ganhei milhões em todos os casos, multiplicando por dez o meu investimento (a média simples atingiu 16 vezes). Os criadores lucraram ainda mais. Até os funcionários menos graduados ganharam muito dinheiro. Nós todos nos beneficiamos imensamente quando nos envolvemos com um negócio-estrela desde seus primeiros dias de existência.

Por que você deve se interessar? Porque também pode ganhar uma fortuna e se divertir muito fazendo isso. Independentemente de você querer começar um negócio ou não, ter dinheiro para investir ou não, um negócio-estrela pode tornar sua vida mais alegre e mais rica em todos os sentidos. Vou repetir: mesmo se você for um assalariado, e não um empreendedor ou milionário, isso é possível.

Você pode interromper sua leitura nesse momento. Pode perder a oportunidade de transformar sua vida. Afinal, talvez não precise, ou não queira, uma vida melhor. No entanto, farei duas promessas, que manterei.

1. Este livro é fácil de ler e não exige nenhum conhecimento específico sobre negócios.
2. Se você seguir meus conselhos, sua viagem mágica pelo mundo das empresas-estrela vai torná-lo mais confiante, mais útil e muito mais rico.

Primeira parte

A IDÉIA

CAPÍTULO 1

O QUE É IMPORTANTE PARA O SEU SUCESSO?

Saber muito não significa ser sábio.

Eurípides

Imagine um negócio em que você trabalhasse e fosse alguém importante; onde, *diversas vezes*, pudesse exercer influência e se divertir. Um negócio em que você ganhasse mais, recebesse bonificações e tivesse direito a um lote gratuito de ações com grande chance de valorização.

Imagine uma fórmula segura para multiplicar seu dinheiro, que dobrasse seu capital depois de ser posta em prática. Imagine a possibilidade de multiplicar por dez seu dinheiro, ou tirar a sorte grande e colher um prêmio equivalente a cem vezes seu investimento.

Você não gostaria de investir ou trabalhar em um negócio como esse?

Fantasia pura? Um conto de fadas? A vida não oferece oportunidades assim.

Ou oferece? Por mais absurda que possa parecer a afirmação, garanto que sim. Há sim uma fórmula mágica. Existe uma maneira de ganhar uma fortuna e se divertir em um negócio. Para isso, é necessário descobrir um empreendimento de risco do tipo estrela.

O que é um empreendimento de risco do tipo estrela? Ele apresenta dois atributos: atua em um mercado em grande crescimento e é líder desse mercado. (No próximo capítulo, darei explicações mais detalhadas sobre um empreendimento de risco do tipo estrela. Pouquíssimas pessoas compreendem o que é um empreendimento de risco do tipo estrela. Isso é bom, pois aqueles que conseguem alcançar essa compreensão têm mais facilidade em encontrá-lo.)

Observe meu caso. Nos meus cinco negócios-estrela, tive um retorno total equivalente a dez vezes o meu investimento, e a média simples atingiu 16 vezes.

Nenhum dos investimentos-estrela foi malsucedido. O menor retorno dobrou o capital investido. Três apresentaram um rendimento superior a 15 vezes. Um deles proporcionou um ganho equivalente a 24 vezes. O melhor multiplicou por 53 a primeira parte do meu investimento, dando um retorno absoluto de 26,4 milhões de libras em relação a essa primeira parte. O valor total do negócio (minha participação era de 7,4%) foi de 1,54 bilhão de libras, para uma empresa que levantou um capital de apenas 2,5 milhões de libras.

Tudo bem, também cometi alguns erros, mas quando fiz investimentos em empresas que não eram do tipo estrela. Mesmo levando em conta minhas asneiras e reveses, meu retorno médio equivaleu a seis vezes o dinheiro arriscado.

Fiquei rico com os empreendimentos de risco do tipo estrela. Mas chega de falar sobre mim. Vamos falar a seu respeito.

O que determina seu sucesso?

Quer você seja um empreendedor, um empregado ou um investidor em um negócio de risco novo, ou que já está na juventude, há uma resposta premente, que quase ninguém conhece ou age de acordo com ela. Se você conhecer a resposta e agir de acordo com ela, sua vida passará por uma transformação.

Será que tem a ver com sua capacidade?

Não, não tem. Conheci pessoas muito capazes que começaram um novo negócio e fracassaram. Às vezes, dois ou três novos empreendimentos de risco, que foram todos à falência. Tenho amigos muito talentosos que trabalharam em pequenas empresas e jamais alcançaram bons resultados. Conheci investidores brilhantes e experientes que nunca obtiveram lucros acima da média.

No entanto, conheci muitos indivíduos de capacidade mediana que foram muito bem-sucedidos. Em novos empreendimentos de risco, as pessoas em que apostei, na maioria, eram brilhantes, bem-apessoadas e dedicadas. Contudo, não tiveram sucesso em decorrência dessas qualidades. Para ser honesto, não eram melhores nem piores do que muitos que não se deram bem.

Será que tem a ver com sua dedicação ao trabalho?

Não, também não tem. Em um novo empreendimento de risco, quase todos trabalham muitas horas por dia, entregando-se de corpo e alma ao negócio. Como empregados, muitas vezes ganham menos e se esforçam mais do que em empresas maiores, onde trabalharam antes e podem voltar a trabalhar. E em mais de 95% dos casos, essas pessoas não são particularmente bem-sucedidas.

Quando invisto em um negócio de risco, e vejo funcionários ali trabalhando horas a fio, sei que a empresa está passando por dificuldades. Se precisa de tanta dedicação e horas extras de trabalho, é porque não consegue sobreviver sem isso.

Quando coloco dinheiro em uma nova companhia e vejo o chefe com os pés sobre a mesa e os funcionários confiantes e conversando livremente uns com os outros sobre alguma trivialidade, fico incomodado? Não. Isso me dá confiança. Eles estão desempenhando seus papéis, mas estão tranqüilos. Há um certo relaxamento no sistema. O negócio está andando.

Será que tem a ver com combinação certa de pessoas?

Existe a idéia bastante difundida de que a maioria dos novos negócios de risco fracassa porque não apresenta o equilíbrio correto entre os indivíduos otimistas e pessimistas, entre os que possuem visão e pisam fundo no acelerador e os que têm os pés no chão e apertam o freio quando o dinheiro fica curto, ou quando alguém está tentando cometer alguma insensatez. Tem algo a ver com a idéia de que todos os novos negócios precisam de um visionário (o empreendedor), um técnico especializado no negócio (o executante) e alguém capaz de organizar tudo e dirigir o espetáculo (o gerente). Nenhum novo empreendimento de risco terá êxito sem a combinação certa de colaboradores.

No entanto, esse também não é um fator determinante. Muitos empreendimentos de risco apresentam um equilíbrio satisfatório em termos de pessoal, e, no entanto, não se desenvolvem a contento. E a maior parte das empresas em que trabalhei e investi — as muito bem-sucedidas, as bem-sucedidas, as medíocres e as falidas — batalhou para conseguir a combinação certa de pessoas. No entanto, todas obtiveram isso no fim, se necessário batendo cabeças, despedindo o chefe ou contratando aquele que faltava.

O conflito entre patrões e empregados, e entre empregados, é endêmico nos pequenos negócios. É inevitável. Mas provavelmente é uma coisa boa. Mostre-me uma equipe que tenha sido sempre 100% feliz, harmoniosa e equilibrada, e eu lhe direi que há apenas duas possibilidades: uma é que você está enganado; outra é que o negócio não vai bem. Se toda a energia da equipe se esvai na tentativa de todos conviverem sem conflitos, as principais decisões serão sempre fruto de uma solução conciliatória, não deixando espaço para lidar com clientes e concorrentes difíceis.

Será que a chave do sucesso são os sócios e primeiros funcionários que você escolhe: a qualidade absoluta dos indivíduos?

Essa é uma tese tentadora, aceita pela comunidade do capital de risco — que acerta a maioria das coisas — por unanimidade. O clichê comum entre os capitalistas de risco é que existem três razões para o sucesso: pessoas, pessoas e pessoas. E, embora seja um clichê, não conheço nenhum capitalista de risco que não acredita realmente nele.

Será que todos cujo único objetivo é ganhar muito dinheiro estão errados? Sim e não.

Na maior parte dos negócios de risco, os indivíduos são, de fato, a diferença principal entre o sucesso e o fracasso. Inicialmente, a maioria dos negócios de risco segue um caminho errado, achando seu nicho apenas porque criadores e empregadores buscam diversas opções até encontrar a fórmula que funciona. Se o dinheiro não acabar antes, esses empreendimentos triunfarão por meio das tentativas e erros. Em um negócio não posicionado de modo adequado — a grande maioria dos empreendimentos de risco —, as pessoas representam a diferença entre o sucesso e o fracasso.

Verdade, mas muito irrelevante. Há uma maneira melhor de o empreendimento ser bem-sucedido sem se basear na qualidade das pessoas, que, de qualquer maneira, é um atributo difícil de reconhecer do lado de fora e sem uma bola de cristal para se prever o futuro.

A resposta é: não trabalhe nem invista na grande maioria dos negócios de risco. A solução é: selecione os negócios de risco que provavelmente terão êxito. Sem pessoas que lembram super-heróis. Sem equilíbrio perfeito entre as habilidades dos indivíduos. Sem sangue, trabalho duro, suor e lágrimas. Sem a necessidade de mudanças contínuas antes do surgimento da fórmula correta.

A resposta útil não é: "pessoas, pessoas e pessoas". A resposta realmente eficaz, consistentemente bem-sucedida é: "posicionamento, posicionamento, posicionamento".

Desde que o posicionamento seja mesmo excepcional. Desde que o empreendimento de risco seja um negócio-estrela.

Quando você encontra um negócio-estrela, quando é um dos primeiros funcionários de um negócio-estrela, quando investe em um negócio-estrela, está jogando a seu favor. É muito provável que você prospere. Qual é o caminho mais curto para o sucesso? É o empreendimento-estrela.

Todos nós gostamos de acreditar que nossos triunfos são resultado da nossa habilidade, enquanto o insucesso, é claro, deve-se aos outros ou à falta de sorte. O êxito em um negócio inadequadamente posicionado, contra as probabilidades, pode, de fato, ser resultado de capacidades fantásticas. Mas por que criar obstáculos para superar? Por que não remover os obstáculos para o sucesso e utilizar a plataforma de lançamento para ele? Por que não se envolver com um empreendimento de risco do tipo estrela?

Ter uma idéia para um negócio-estrela requer imaginação. É necessária uma combinação de pensamento perseverante, pesquisa e experimentação para ratificar a idéia de um negócio-estrela. Para dar início a um negócio-estrela são imprescindíveis a mesma coragem e determinação empregadas no lançamento de qualquer outro empreendimento de risco. Descobrir um negócio-estrela de outra pessoa exige um cuidado considerável. No entanto, essas iniciativas não requerem inteligência ou criatividade excepcionais. Pedem sim habilidades normais, assim como o conhecimento disponibilizado por este livro. Evidente que, se você for esperto, isso significará um bônus. Porém, não se trata de algo imprescindível.

Tudo junto agora: o que é importante para seu sucesso?

Posicionamento. Um negócio-estrela. Para melhorar suas possibilidades, nada mais é necessário.

CAPÍTULO 2

O QUE É EXATAMENTE UM NEGÓCIO-ESTRELA?

> A estrela de uma carteira de negócios é uma coisa rara e maravilhosa; seu valor também é raramente reconhecido e, em geral, é estrategicamente mal administrado.
>
> *Bruce D. Henderson*

Sendo tão bom trabalhar, ou investir, em um negócio-estrela, é importante saber o que ele é. Não é necessário que você saiba algo sobre negócios além do que será dito neste capítulo. De fato, é melhor não ter noção alguma a esse respeito e compreender inteiramente o que é um negócio-estrela do que ter o conhecimento que a maioria das pessoas possui sobre negócios — a partir do trabalho durante décadas em uma empresa ou de um curso de MBA — e não fazer idéia do que é um negócio-estrela. Assim, sendo um neófito total ou o mais experiente dos diretores, quando alcançar a compreensão sobre um negócio-estrela você saberá a *única coisa* que é de fato vital para o sucesso. E é fácil de compreender.

Um negócio-estrela dispõe de dois atributos:

- ★ ele é líder em seu nicho de mercado; e
- ★ o nicho de mercado está crescendo rapidamente; 10% ao ano, no mínimo.

Um negócio-estrela é líder em seu nicho de mercado

A empresa-líder é aquela que é maior do que qualquer outra empresa em determinado nicho. Mensuramos o tamanho pelo valor das suas vendas (também conhecido como *receita bruta* ou *movimento bruto*). Se a empresa registra vendas de um milhão de dólares, e não há nenhuma outra no mesmo nicho com vendas que alcancem o mesmo valor, então ela é a líder. Observe que "liderança" é objetivamente definida pelas vendas, e não tem nada a ver com argumentações de empresas concorrentes sobre "ser a melhor" ou ser a mais bem avaliada pelos clientes, que são proposições de difícil avaliação e sem grande importância. A coisa mais importante é como os clientes, no nicho, gastam seu dinheiro.

Uma pergunta pode estar martelando em sua mente. "Ah", você pode dizer, "mas como definir o que é nicho de mercado?". Sem dúvida, é uma questão profunda, que responderei com diversos exemplos espalhados pelo livro. É possível definir erroneamente um nicho — como ocasionalmente defino. No entanto, a idéia básica é muito simples. *Para um nicho ser um mercado distinto, deve ter clientes diferentes, produtos ou serviços diferentes e uma maneira diferente de fazer negócios* em relação ao mercado principal ou a outros nichos de mercado. Finalmente, o *ranking de competidores é diferente* em um nicho de mercado válido: o líder do nicho é diferente do líder do mercado principal. Se não há diferença na maneira pela qual os competidores se tratam no nicho e no mercado principal, o nicho não é realmente diferente.

Durante setenta anos, até a década de 1980, não havia disputa entre os fabricantes de automóveis, pois os líderes eram a Ford, a General Motors e a Chrysler (os Três Grandes). No entanto, paralelamente ao mercado principal de carros, desenvolveu-se um mercado de veículos menores e mais baratos. Os carros mais bem-sucedidos foram o Volkswagen e depois o Mini. O mercado dos automóveis pequenos era um nicho distinto. Tinha clientes diferentes (europeus e consumidores de menor renda), produtos diferentes e líderes de mercado diferentes.

Os carros esporte são outro segmento distinto. Os clientes são diferentes dos do mercado principal (mais ricos, mais interessados em desempenho e imagem, às vezes mais jovens). Os produtos são notadamente diferentes. Diversos competidores diferentes surgiram no mercado dos carros esporte, com a Porsche e a Mazda se transformando nos vencedores de longo prazo, e os Três Grandes quase sem nenhuma participação.

O próprio mercado de carros esporte evoluiu, com algumas marcas oferecendo produtos caríssimos e de altíssimo desempenho, bem distintos dos carros esporte "comuns". Considere marcas como Ferrari e Maserati. Seus clientes são mais ricos, ou fanáticos, do que os proprietários de carros esporte normais. Seus produtos são feitos à mão, e não são fabricados em massa. Possuem sua mística própria, design exclusivo, motores extremamente potentes, aceleração e estabilidade (dependendo da habilidade do condutor) que desafiam a física. A Ferrari zero quilômetro mais barata custa muito mais do que o Porsche top de linha. As marcas associadas ao superdesempenho são nichos de mercado distintos. Durante um tempo, pelo menos, representaram negócios-estrela, com firmas diferentes mantendo a liderança em determinado nicho.

O mercado automobilístico dividiu-se em uma grande quantidade de nichos: por exemplo, minivans, liderado pela Chrysler; o segmento de luxo, em que a Mercedes-Benz detém a liderança; e o nicho dos utilitários esportivos (4x4), onde há um outro líder, a Jeep.

Até que ponto esse jogo de "nicho distinto" pode ser disputado? Podemos decidir, se quisermos, nos tornar líder de mercado fabricando carros amarelos e converter isso em um novo empreendimento-estrela? Absolutamente, não. Carros amarelos não são um produto suficientemente diferente dos carros de outras cores, e apenas pintar todos os nossos carros de amarelo não é uma maneira suficientemente diferente de realizar negócios. Suficientemente diferente de quê?, você pode perguntar. Suficientemente diferente do modo pelo qual todos os outros fabricantes de carros conduzem seus negócios. Suficientemente diferente para nos permitir ter custos menores, ou preços maiores, do que os concorrentes. Suficientemente diferente do que a Ford e a General Motors fazem: eles não vão parar de fabricar carros amarelos só porque afirmamos que esse tipo de carro é nossa especialidade. Suficientemente diferente para atrair um novo grupo de consumidores ou para fazer a venda de carros amarelos crescer mais rápido do que a dos carros brancos ou vermelhos.

Será que os refrigerantes *diet* representam um nicho de mercado distinto? Imagine que você tivesse a idéia de fabricar um refrigerante de baixas calorias muito antes da Coca-Cola ou Pepsi. Você poderia ter criado um nicho de mercado distinto a partir disso? Será que a Kock Lite Cola teria sido uma empresa-estrela?

É possível. Em geral, os refrigerantes *diet* agradam clientes diferentes. No entanto, é muito questionável se o apelo é consistente o suficiente para superar todas as vantagens que a Coca-Cola e a Pepsi detêm: suas marcas muito fortes, clientes fiéis, sistemas de distribuição próprios e economias de escala muito grandes na fabricação e comercialização de refrigerantes. A Coca-Cola e a Pepsi vislumbraram o potencial antes de qualquer outra empresa. Mesmo se a Kock Lite Cola tivesse sido o primeiro refrigerante *diet* a surgir no mercado, ele logo teria sido superado pela Diet Coke e Pepsi Lite. O refrigerante de baixas calorias é muito semelhante ao comum, e as duas principais marcas mundiais de refrigerantes são muito fortes.

E se tivéssemos fabricado um refrigerante diferente, não uma bebida do tipo cola, mas um produto com sabor único? Será que esse empreendimento teria sido do tipo estrela? Sim, sem dúvida. Dr. Pepper, apresente-se!

Nenhuma outra bebida não alcoólica tem o mesmo sabor. Nem a Coca-Cola nem a Pepsi foram capazes de desenvolver um produto rival viável contra o Dr. Pepper, que ainda controla 100% do seu nicho de mercado. (O Dr. Pepper surgiu em 1885, um ano *antes* da Coca-Cola. Em 1965, isto é, oitenta anos depois, a Coca-Cola testou um produto chamado Chime, para disputar mercado com o Dr. Pepper. O Chime desapareceu sem deixar vestígios.)

A prova dos noves é o ranking da participação de mercado dos concorrentes. Uma empresa detém um nicho de mercado distinto se é a número 1 nesse nicho. Detém uma liderança sustentável do nicho se pode manter a posição de número 1 contra a concorrência real, ou possível, do líder do mercado principal.

O refrigerante Dr. Pepper ainda é a líder no nicho Dr. Pepper, sem disputar mercado com nenhum outro concorrente.

A Red Bull é outro caso. Nos Estados Unidos e na Europa, a Red Bull inventou a categoria das "bebidas energéticas". Todas as tentativas da Coca-Cola Corporation e de outros fabricantes de bebidas não alcoólicas para concorrer com a Red Bull fracassaram. As bebidas energéticas são um nicho distinto, e a Red Bull é uma empresa-estrela de grande brilho.

Outro indício para avaliar se um nicho de mercado é viável ou não, e que é muito simples, é o seguinte: o nicho apresenta alta rentabilidade? Gera muito caixa? A liderança em um nicho não tem valor a não ser que o nicho, mais cedo ou mais tarde, apresente alta rentabilidade e gere muito caixa. Com toda a certeza, se o seu produto for muito bom e você o der de presente, poderá alcançar a liderança em um nicho. Jornais gratuitos, por exemplo. No entanto, a não ser que você tenha alguma outra maneira de gerar caixa — com a venda de anúncios, nesse caso —, seu nicho de negócios, além de não dar lucro, será um devorador de caixa.

Em conseqüência, você pode identificar se a liderança de nicho existe ou não verificando se essa liderança é muito rentável e grande geradora de caixa. Caso contrário, há uma espécie de liderança de nicho teórica, mas esse nicho possui pouco ou nenhum valor prático. Nunca se qualificará como um negócio-estrela. A liderança de nicho do Dr. Pepper tem valor? E do Red Bull? Pode apostar! É uma coisa segura!

Se você entendeu o que significa liderança de nicho, já está quase a ponto de compreender como identificar um negócio-estrela. Lembre-se de que há uma segunda condição que deve ser satisfeita, que é relativamente difícil, mas de fácil compreensão.

O NICHO DE MERCADO DEVE APRESENTAR GRANDE CRESCIMENTO

Um negócio só é um empreendimento-estrela se o nicho onde atua estiver crescendo 10% ao ano, no mínimo. De modo mais exato, o nicho deve crescer 10% ao ano, no mínimo, em média, durante os próximos cinco anos, e, de preferência, por décadas.

Por que o crescimento é importante? Porque o poder da aritmética composta é tal que, em um empreendimento-estrela de grande crescimento, as vendas — e os lucros, quando surgem — multiplicam-se rapidamente. É bem diferente da grande maioria das empresas, que crescem devagar, e onde o crescimento do lucro é difícil e nada automático.

Um negócio com vendas de 10 milhões de dólares que cresce 3% ao ano — mais ou menos a taxa de crescimento da economia em alguns países — crescerá 34% ao longo de uma década, atingindo vendas de pouco mais de 13 milhões de dólares. O que um negócio que cresce 30% ao ano — dez vezes 3% — crescerá no mesmo período? Você pode supor que seja dez vezes 34%, que é igual a 340%, e adicionar algo mais em termos de capitalização, alcançando talvez um crescimento de 500%. Se isso ocorrer, as vendas, após dez anos, cresceriam para 50 milhões de dólares. No entanto, a resposta correta é 138 milhões de dólares, aproximadamente. Essa é a mágica dos juros compostos, que Albert Einstein chamou de "a força mais poderosa do universo".

Observe que estamos falando sobre crescimento *futuro*. Claro que ninguém pode ter certeza sobre o ritmo de crescimento do nicho de mercado, sobretudo durante um período longo de tempo. Porém, um bom guia para o crescimento futuro é o crescimento passado e a tendência do crescimento passado. Quando investi na Betfair, a empresa era minúscula, mas seu nicho de mercado crescia mais de 30% *ao mês*. Não precisava ser um gênio para perceber que o crescimento futuro superaria os necessários 10% *ao ano*.

Sem dúvida, quanto mais rápido o crescimento, melhor. Por causa da aritmética composta, um nicho de mercado que cresce 20% ao ano é duas vezes melhor que um que cresce 10% ao ano, e um crescimento de mercado de 50% ao ano é mais do que cinco vezes melhor. De fato, em meros dez anos, e não levando em conta o futuro além desse prazo, um mercado que cresce 50% é 22 vezes melhor que um que cresce 10%. Como a Betfair estava em um nicho de crescimento muito rápido, sabia que, desastres à parte (e podia muito bem ter havido um desastre), a empresa acabaria como um negócio muito grande. Admiro-me agora de que outras pessoas não tenham percebido isso. No entanto, quando vemos um negócio lutando com esforço, se dando mal, ficando logo sem caixa, precisa-se de muita imaginação, ou fé nas estrelas, para acreditar que essa semente insignificante vai se transformar em um carvalho majestoso. Nessa falta de imaginação reside nossa oportunidade.

Por que assumimos a taxa de crescimento do nicho de mercado e não a taxa de crescimento do novo empreendimento de risco? Porque esta última é influenciada não apenas pelo crescimento do mercado, mas também pelo fato de a empresa estar ganhando ou perdendo participação de mercado dentro do nicho. É essencial que o negócio-estrela mantenha, no mínimo, sua liderança em relação ao concorrente mais próximo do nicho, sendo altamente desejável que o empreendimento amplie sua liderança. No entanto, essa é uma consideração à parte relativamente ao crescimento do nicho de mercado, sendo mais simples e mais claro começar com isso.

Por que um negócio-estrela é tão atraente?

É o *efeito combinado* entre liderança de nicho e crescimento elevado do nicho que torna o empreendimento de risco do tipo estrela tão maravilhoso. A liderança significa que a empresa e seus produtos são os preferidos pelos clientes do nicho. O negócio deve então ser mais lucrativo que aqueles que não são líderes. Uma empresa-líder deve ter preços maiores, ou custos menores, que um negócio semelhante, que é concorrente. Por que preços maiores? Porque os clientes preferem o produto. Por que custos menores? Porque a empresa pode diluir seus custos fixos em um volume muito maior de negócios que os concorrentes são capazes. Resultado: uma empresa-líder deve ser muito lucrativa, e, quanto mais à frente estiver em relação aos concorrentes do nicho, mais lucrativa deverá ser.

Para uma empresa ter valor, qualquer que seja seu tamanho e sua lucratividade na atualidade, tudo o que ela precisa é assumir a liderança, em um nicho de crescimento acelerado. Desde que a empresa seja razoavelmente bem administrada, a liderança trará lucros e liquidez. O crescimento a transformará em uma grande empresa. Se você compreender essas duas idéias, terá *insights* extraordinários no futuro. Isto é, todo o necessário para encontrar um lugar maravilhoso para trabalhar ou para investir seu suado dinheiro.

Há armadilhas em um empreendimento de risco do tipo estrela?

Apenas uma, mas grande. A armadilha ocorre quando o empreendimento de risco do tipo estrela deixa de ser estelar, perdendo a liderança do seu nicho. Quando isso acontece, um negócio que vale uma fortuna pode, de repente, virar fumaça.

O risco é grande. Há uma chance considerável de o negócio-estrela perder sua liderança. Por quê? Porque quando um mercado está crescendo em ritmo acelerado, uma empresa pode continuar a crescer, mas, no entanto, pode perder participação de mercado para uma empresa concorrente. Há tanto mercado disponível que a empresa-estrela talvez não seja capaz de perceber o perigo. Subitamente, uma concorrente pode ficar maior, e isso é quase sempre fatal para o valor da antiga empresa-estrela. No entanto, se você tiver consciência do perigo, uma empresa-estrela pode normalmente enfrentar uma empresa rival.

Quão raras são as empresas-estrela?

Pode haver apenas uma empresa líder de mercado (ou talvez duas que dividem a liderança), mas podem existir diversas concorrentes em um nicho de mercado. Em relação a novos empreendimentos de risco, talvez uma empresa entre quatro seja uma líder autêntica de nicho.

Poucos nichos de mercado crescem 10% ao ano, no mínimo. Em geral, para empresas grandes e já estabelecidas, apenas 5% dos seus produtos, ou ainda menos, crescem nesse ritmo. Para empreendimentos de risco menores e mais novos, as possibilidades não são tão ruins. Estimo que cerca de 15% a 25% dos novos nichos de mercado das empresas estão crescendo anualmente 10%, no mínimo.

Assim, em geral, um novo empreendimento de risco entre quatro é líder de um nicho, e um entre cinco está crescendo com uma taxa correspondente a uma empresa-estrela. Multiplique essas duas probabilidades. Provavelmente, dos 20% de empresas que estão crescendo em ritmo veloz, apenas um quarto — 5% do total — é de empreendimentos-estrela. Assim, de vinte novas empresas apenas uma deverá ser um negócio-estrela.

Portanto, as empresas-estrela são raras. Contudo, com um pouco de paciência e reflexão cautelosa, você pode descobrir uma empresa desse tipo — ou criar uma por sua própria conta. Se procurar com inteligência um negócio-estrela, você vai encontrá-lo.

Qual é a origem da idéia de um negócio-estrela?

Sou fascinado pela história dessa idéia, que também nos expõe o motivo pelo qual ela não é utilizada mais vezes. No entanto, se você deseja apenas se beneficiar da idéia associada a um negócio-estrela e não liga a mínima para sua origem, então passe por cima do restante deste capítulo.

Há um ramo da teoria dos negócios denominado *estratégia*, que foi criada por uma empresa de consultoria, o Boston Consulting Group (BCG), na década de 1960. A invenção mais famosa do BCG foi a matriz de crescimento/participação de mercado, que revela que existem quatro tipos de negócios do ponto de vista estratégico:

- ★ estrelas: líderes de mercados em grande crescimento;
- ★ pontos de interrogação: concorrentes em mercados em grande crescimento;
- ★ vacas leiteiras: líderes de mercados com baixo crescimento; e
- ★ cães: concorrentes em mercados com baixo crescimento.

O BCG desenhou a matriz de crescimento/participação de mercado, como ilustrada na Figura 2.1:

Figura 2.1
Participação relativa de mercado

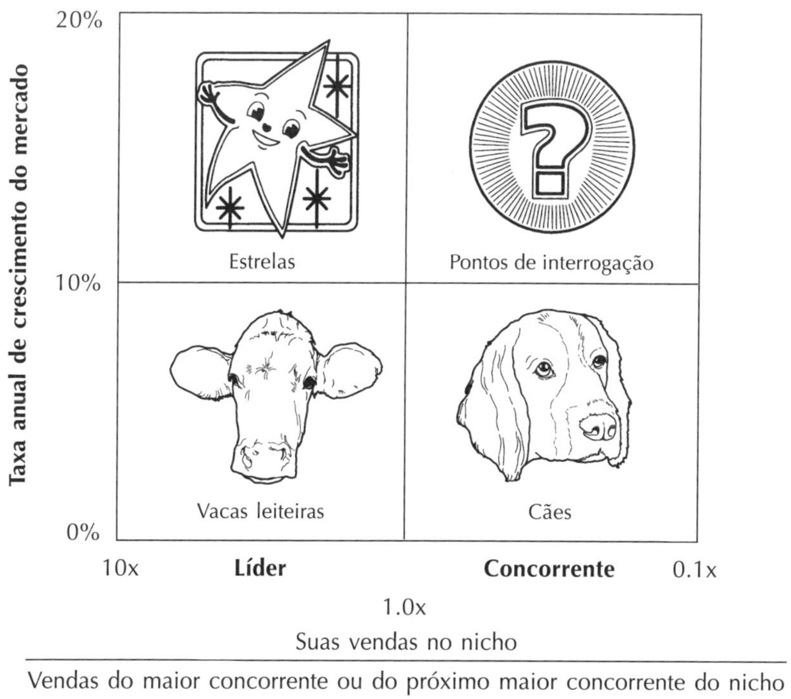

O BCG também elaborou prescrições a respeito das iniciativas a serem tomadas em cada quadrante, como podemos observar na Figura 2.2. Quando trabalhei no BCG em meados da década de 1970, essas eram as regras práticas.

Figura 2.2
Regras práticas

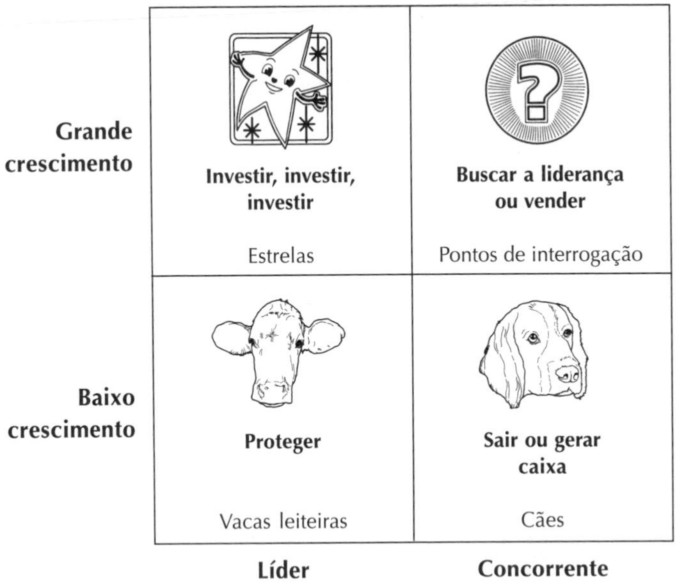

Entre os dois quadrantes que vamos focalizar, incluem-se o quadrante "estrelas", é claro, mas também o quadrante "ponto de interrogação". A regra pertinente ao quadrante "estrela" é investir, investir e investir; fazer o possível e o impossível para a empresa se manter nesse quadrante, mantendo a liderança no nicho, e, se possível, aumentando a distância em relação aos concorrentes. No BCG, prometíamos aos nossos clientes que eles nunca se arrependeriam das iniciativas ou gastos para proteger e melhorar as posições de liderança desfrutadas pelas empresas-estrela. Sabíamos como essas posições seriam valiosas no futuro se eles mantivessem uma liderança inconteste. Sabíamos também quanto dinheiro seria perdido se a empresa perdesse a posição de liderança.

As empresas do tipo ponto de interrogação são, naturalmente, o outro lado da mesma moeda que inclui as empresas-estrela. Para toda empresa-líder em um mercado em crescimento acelerado há uma ou diversas empresas concorrentes. O dilema da empresa que ocupa a segunda posição em um nicho em crescimento acelerado — o ponto de interrogação relativo à posição mais forte para desafiar a empresa-líder — é enorme.

Será que a empresa número 2 deve arriscar tudo para desafiar o negócio-estrela, para tentar superá-lo e substituí-lo como nova empresa-líder? Em geral, fazer isso é muito difícil e caro, e o esforço pode fracassar. Claro que se a iniciativa der certo, se a vice-líder superar a líder, a empresa número 2 se tornará a número 1, passando a ser um negócio-estrela muito valioso. No entanto, se o esforço malograr, o negócio do tipo ponto de interrogação terá despendido uma tremenda quantidade de dinheiro e talento em vão, sem receber nada em troca. E o dinheiro investido quase certamente terá sumido para sempre.

O BCG oferecia diversos tipos de conselhos para empresas do tipo ponto de interrogação. Para poucas, sugeria a busca da liderança. Para a maioria, no entanto, aconselhava a venda, deixando que o comprador gastasse o dinheiro. O dilema da empresa do tipo ponto de interrogação era o motivo para seu nome.

Por que a idéia a respeito de um negócio-estrela não é mais popular?

No final de década de 1970, a matriz de crescimento/participação de mercado foi muito criticada, e não contava com o apoio de ninguém. O principal motivo era a culpa por associação. O BCG criou a matriz como parte de um plano "vil" de alocar recursos de modo centralizado. Na busca para dar ao escritório central, aos seus planejadores e aos seus consultores algo para fazer, a matriz do BCG foi utilizada para definir a estratégia a partir do alto escalão, tirando recursos de certas divisões e os alocando em outras. A idéia de planejamento central era embaraçosa e, na maioria dos casos, insensata. Ela causou uma reação muito negativa dos funcionários que tocavam os negócios. Em vez de defender a matriz, e o sistema de centralização que ela representava, o BCG optou por enfatizar suas outras idéias e produtos.

O BCG jogou fora o bebê junto com a água da banheira. Em nível de nichos de mercado específicos, as idéias por trás do conceito de matriz eram extremamente úteis. Em 1995, quando escrevi um livro sobre estratégia, restabeleci o uso da matriz de crescimento/participação de mercado para pequenas empresas e unidades de negócios em grandes empresas. Encontrei uma resposta muito favorável, e até onde é do meu conhecimento, todos que tentaram utilizar minha abordagem, desenvolvida em torno das idéias antigas do BCG, acharam-na prática e útil.[1] Não obstante, minha cruzada individual de restabelecer as idéias antigas do BCG causou apenas algumas pequenas ondas na superfície do mundo empresarial.

Quando se trata de investimentos, há pouquíssimas pessoas no mundo que compreendem os conceitos clássicos de estratégia,

---

1. Richard Koch, *The Financial Times Guide to Strategy* (Londres: Pearson, 2006), está na terceira edição atualizada. Trata-se de um guia abrangente sobre estratégia, tanto para pequenas empresas como para conglomerados. Os empreendedores interessados em estratégia podem encontrar um guia passo a passo ainda mais detalhado em Richard Koch e Peter Nieuwenhuizen, *Simply Strategy* (Londres: Pearson, 2006). O software incluso pode registrar os dados de sua empresa e elaborar todas as estratégias que você talvez possa querer.

principalmente os mais antigos que estou utilizando. Até onde sei, não há nenhuma outra empresa de *private-equity* ou de investimento que visa especificamente empreendimentos de risco do tipo estrela. Espero que continue assim. Vamos manter entre nós o segredo concernente ao valor dos empreendimentos-estrela.

CAPÍTULO 3

O PODER DA IDÉIA-ESTRELA

As idéias moldam o curso da história.

John Maynard Keynes

Não sou o único empreendedor ou investidor que se beneficiou dos negócios-estrela. Todas as ações negociadas em Bolsa que renderam fortuna aos seus acionistas — exceto os papéis de empresas de mineração em determinadas situações especiais — eram de empresas-estrela; isto é, empresas-líderes do seu nicho, em mercados em grande crescimento.

O Google era e é uma empresa-estrela. Ele é diversas vezes maior do que qualquer outra empresa de busca. Foi criado em 1998 e processa atualmente mais de 91 milhões de pedidos de busca por dia. O mercado ainda dobra de tamanho a cada ano. Podemos afirmar que o Google é um negócio-estrela extraordinariamente valioso, avaliado em 123 bilhões de dólares, no momento em que escrevo este livro.

A Amazon era e é uma empresa-estrela. É, disparado, a maior livraria on-line. Incluindo outros produtos, as vendas da Amazon, em 2005, alcançaram 8,5 bilhões de dólares, e seu valor atual de mercado é de 13,5 bilhões de dólares.

A Netscape, fundada em 1994, tornou-se rapidamente a empresa-estrela no mercado de navegadores da internet. Em 1999, a Netscape foi vendida para a AOL por 4,2 bilhões de dólares. O negócio foi excelente para Jim Clark, o criador da Netscape, e péssimo para a AOL. Pouco tempo depois da venda, o navegador Explorer, da Microsoft, afastou a Netscape da liderança.

A eBay é a estrela da venda e compra eletrônica de produtos de pessoa a pessoa e dos pagamentos eletrônicos, ambos mercados imensos, além de estrela em seu negócio original: os leilões on-line. Fundada em 1995, a eBay possui atualmente mais de 180 milhões de usuários, com valor no mercado acionário estimado em inacreditáveis 39 bilhões de dólares, correspondendo a 217 dólares por usuário, em média.

A Yahoo! iniciou suas atividades em 1995, como site de busca e portal, e adicionou sites de relacionamento e conteúdo rico em informações ao longo do caminho. A maior parte dos seus negócios é estrela. Avaliada em 35 bilhões de dólares, a Yahoo! tem mais de 400 milhões de usuários.

As redes eletrônicas especializadas, com conteúdo criado pelos próprios usuários, proporcionam grande oportunidade para negócios-estrela. Por exemplo, menos de dois anos depois de sua criação, a MySpace foi adquirida pela News Corporation por 580 milhões de dólares, em 2005, enquanto os financiadores da Facebook acreditam que o negócio vale entre 8 bilhões e 10 bilhões de dólares.

A Skype, que permite aos usuários da internet se comunicarem uns com os outros gratuitamente on-line, é outra grande empresa-estrela instantânea. Em 1995, dois anos após sua fundação, foi vendida para a eBay por 2,6 bilhões de dólares. Atualmente, a Skype possui mais de 100 milhões de usuários, com idade média um pouco abaixo de 30 anos.

Pouco mais de vinte anos atrás, graças sobretudo a um negócio com a IBM, a Microsoft tornou-se a empresa-líder em softwares para microcomputadores, um mercado em crescimento muito acelerado. Quando a Microsoft assumiu a liderança do nicho e tornou-se uma empresa-estrela, ela não valia quase nada. Hoje, é a maior empresa de softwares do mundo, avaliada em 271 bilhões de dólares.

Apenas na década de 1990, as empresas de biotecnologia passaram a ser viáveis. Desde então, o mercado cresceu rápido, e duas empresas-líderes de nicho em biotecnologia, a Amgen e a Genentech, são avaliadas em cerca de 83 bilhões de dólares, cada uma.

Em uma época ainda mais distante, a Intel, fundada em 1968, tornou-se rapidamente a maior fabricante mundial de semicondutores, apresentando, nos dias atuais, uma participação no mercado de microprocessadores para computadores pessoais de 80%. Durante décadas, foi um negócio de crescimento muito rápido, tornando a Intel uma empresa-estrela. Mesmo hoje em dia, as vendas e os lucros da Intel crescem mais de 10% ao ano. Em certos momentos, a Intel esteve perto da falência, com suas ações valendo quase nada. No entanto, sua condição de estrela se manteve, e, atualmente, a Intel vale 115 bilhões de dólares.

Provavelmente a primeira empresa de tecnologia conhecida foi a US Steel, em 1901, depois de adquirir a Carnegie Steel, outra empresa-estrela, na ocasião a maior fabricante mundial de aço. Esse negócio, a maior transação comercial pessoal da história dos Estados Unidos até então, rendeu a Andrew Carnegie (1835-1919), um escocês pobre que imigrou para os Estados Unidos em 1848, a importância de 480 milhões de dólares. Na época, era uma soma impressionante; mais de 1% da riqueza dos Estados Unidos.

Pouco tempo depois, Henry Ford criou um novo negócio-estrela, assumindo a liderança do nicho automobilístico. A fábrica da Ford, em Highland Park, em Detroit, foi inaugurada no primeiro dia de 1910. Por muitos anos, a Ford foi a empresa-estrela a apresentar o maior crescimento, só ficando atrás da US Steel em valor. Entre 1910 e 1920, a quantidade de norte-americanos que possuíam veículos de passeio aumentou de menos de 500 mil para mais de 8 milhões, a maior parte proprietários de carros da Ford.

Os negócios-estrela não precisam ter algo a ver com tecnologia. Apenas uma entre cinco empresas-estrela é um empreendimento de risco em tecnologia. Sem dúvida, a empresa-estrela mais duradoura é a Coca-Cola Company, criada em 1888, sendo um negócio-estrela sólido até a década de 1990. Por mais de um século, apesar de duas guerras mundiais, do *crash* da Bolsa de Valores de 1929 e da Grande Depressão resultante, a Coca-Cola continuou sendo uma empresa-estrela. O mercado global dos refrigerantes do tipo cola cresceu mais de 10% ao ano, como tendência, e a Coca-Cola permaneceu como empresa-líder desse mercado.

O valor da empresa subiu com força fora do comum, mesmo enfrentando as turbulências do período entre 1929 e 1945. A Coca-Cola utilizou a Segunda Guerra Mundial a seu favor em grande escala. Depois do ataque japonês a Pearl Harbor, Robert Woodruff, o chefão da empresa, comprometeu-se a "oferecer a cada soldado uma garrafa de Coca-Cola por cinco centavos de dólar, onde quer que ele estivesse e qualquer que fosse o custo para nossa empresa". O governo dos Estados Unidos isentou a Coca-Cola vendida aos militares de todo o racionamento de açúcar. O exército norte-americano concedeu aos funcionários da Coca-Cola que instalavam fábricas atrás das linhas de frente o *status* pseudomilitar de "observadores técnicos". Esses "coronéis da Coca-Cola" estavam dispensados do recrutamento, mas, na realidade, usavam uniformes militares e ostentavam patentes de acordo com seus salários. O general Eisenhower, um aficionado confesso de Coca-Cola, enviou uma mensagem telegráfica urgente do Norte da África, em 29 de junho de 1943: "No próximo comboio, solicito remessa de 3 milhões de Coca-Colas em garrafa (cheias) e equipamento completo para engarrafamento, lavagem, fechamento da mesma quantidade, duas vezes por mês...".[2]

A Coca-Cola tornou-se familiar em toda a Europa durante a guerra, mantendo seu arranjo singularmente confortável com o exército norte-americano na Alemanha e no Japão na ocupação do pós-guerra. Na década de 1950, a Coca-Cola pegou a onda da internacionalização. Roberto Goizueta, o presidente executivo da empresa de 1980 a 1997, gerou mais riqueza para os acionistas do que qualquer outro presidente executivo da história da Coca-Cola. Ele tornou-se o primeiro presidente executivo, que não era fundador, a ficar bilionário. Atualmente, a empresa é avaliada em 104 bilhões de dólares.

O McDonald's é uma das grandes estrelas do mundo dos negócios. Em 1940, Dick e Mac McDonald abriram um café em San Bernardino, na Califórnia. O negócio começou a decolar em 1948, quando eles criaram seu "sistema de serviço rápido", uma linha de montagem eficiente de hambúrgueres, apresentando ao mundo um novo tipo de restaurante: o estabelecimento de fast-food. Entre 1948, quando começaram, e 1954, os irmãos McDonald inauguram oito lanchonetes muito bem-sucedidas. Introduziram o cardápio limitado e o serviço altamente automatizado, que são a espinha dorsal do sucesso do McDonald's até hoje. Eles criaram um negócio-estrela, que cresceu rápido. Fizeram muito bem-feito, mas não foram capazes de enxergar o imenso potencial da sua inovação. O homem que transformou o McDonald's em uma das empresas-estrela mais valiosas do planeta foi Ray Kroc, que convenceu os irmãos a deixarem-no tomar conta da franquia dos

---

2. Citado em Mark Pendergrast, *For God, Country and Coca-Cola: The Unauthorized History of the Great American Soft Drink and the Company that Makes It* (Londres: George Weidenfeld e Nicolson, 1993), p. 203. As próximas referências à Coca-Cola se baseiam em grande medida nessa fonte.

restaurantes, em 1955. Ao perceber o grande potencial, em 1961, Kroc comprou todo o negócio dos irmãos por 2,7 milhões de dólares. Atualmente, o McDonald's é a maior cadeia mundial de estabelecimentos de fast-food, com 447 mil empregados servindo quase 50 milhões de clientes por dia, com vendas de 20 bilhões de dólares. Em relação aos vinte anos passados, o crescimento do McDonald's ficou mais lento, e o negócio é agora do tipo vaca leiteira em vez do tipo estrela. No entanto, vale cerca de 48 bilhões bilhões, o que representa 17.778 vezes o preço pago por Kroc.

O Wall-Mart, a maior rede varejista do mundo, apresenta um valor quatro vezes maior que o McDonald's. Cerca de sessenta anos atrás, o lendário Sam Walton transformou-o em uma empresa-estrela. Na época, no início da década de 1960, ele tinha 40 anos, e possuía um negócio-estrela no currículo como maior operador independente de lojas de miudezas. Walton então decidiu começar outro negócio-estrela: lojas de descontos em pequenas cidades dos Estados Unidos. A primeira foi inaugurada em 1962, em St. Robert, no Missouri. O Wall-Mart manteve-se como empresa-estrela por quatro décadas, até a década de 1990. Hoje, é uma empresa do tipo vaca leiteira, avaliada em 205 bilhões de dólares, tornando os Walton uma das famílias mais ricas do mundo.

A Enciclopédia Britânica manteve-se como negócio-estrela de alto valor durante décadas, antes de sucumbir subitamente à Encarta, da Microsoft, e, mais recentemente, à Wikipedia, a enciclopédia on-line, que é um negócio-estrela pronto para acontecer. A Wikipedia é utilizada por 50 milhões de pessoas todos os dias, crescendo mais de 100% ao ano. Embora ainda não seja um negócio lucrativo, apresenta um valor potencial de bilhões de dólares.

O padrão continua: a loja de móveis e utilidades domésticas Ikea; as companhias aéreas de tarifas de baixo custo Southwest, nos Estados Unidos, e Ryanair e easyJet, na Europa; o Walkman Sony; as motocicletas Yamaha e Honda; o Club Med; a American

Express; a Federal Express; o Mac e iPod da Apple; a 3M; a Toys "R" Us; a corretora Schwab; o software financeiro Intuit's Quicken; a Office Depot; a Nike; a Dell Computer Corporation; a Auto Trader; a Reuters — todos esses negócios que foram, por um tempo, negócios-estrela clássicos, ganhando enormes somas de dinheiro. Naturalmente, as estrelas se põem. Algumas empresas-estrela perderam terreno para as concorrentes, e sofreram as conseqüências disso. Outras continuaram sendo líderes em seu nicho quando o mercado cresceu de modo mais lento, tornando-se empresas do tipo vaca leiteira de grande valor.

Não é exagero afirmar que todas as inovações importantes, e todos produtos e serviços novos que surgem e se multiplicam em grande escala, dão origem a um negócio-estrela. E os negócios-estrela que mantêm sua posição por muito tempo foram responsáveis por dar origem aos indivíduos mais ricos da história.

As cidades e os estados-cidade também podem se transformar em estrelas de valor, quase invulneráveis aos concorrentes. Em meados da década de 1990, o xeique Mohammed decidiu criar uma situação nova e de crescimento acelerado para Dubai, como *resort* e destino de férias principal do Oriente Médio. Atualmente, a cidade de Dubai é três vezes maior em tamanho e população, ainda se expandindo tanto para o mar como para o deserto. Até 2002, apenas árabes podiam comprar propriedades. Hoje, investidores europeus, americanos, russos, chineses, indianos e japoneses adquirem apartamentos ou *villas* na planta, tão logo o projeto é divulgado. Nenhum país da região, como Bahrein ou Omã, será capaz de ameaçar a liderança de Dubai enquanto o investimento em mais infra-estrutura prosseguir — um monotrilho e um novo aeroporto com seis pistas de pouso e decolagem começaram a ser construídos. Dubai está dez anos à frente em termos de recursos e investimentos estrangeiros, representando um nicho de mercado único na mente dos consumidores. A "marca" Dubai transforma o país em uma estrela segura. No entanto, até 1995, o nicho não existia, e diversos outros países podiam ter alcançado uma posição semelhante.

Nos últimos trinta anos, fui adepto da idéia do negócio-estrela, que nunca me desapontou. E até onde sei, nunca desapontou nenhuma das centenas de pessoas a quem apresentei esse modelo.

Ainda o considero extraordinário. Como uma única idéia pode ser uma fonte de geração de riqueza tão evidente, com a única exceção dos recursos naturais? Como é possível que, para empresas com sorte suficiente de possuir negócios-estrela, esses negócios, em geral uma pequena fração da receita total, gerem a maior parte do caixa da empresa, e às vezes mais de 100% dele? Como uma pequena quantidade de negócios-estrela cria riquezas tão assombrosas? Por que a grande maioria dos produtos e empresas consome quantidades imensas de suor, lágrimas, trabalho e recursos financeiros, e dão tão pouco retorno? Por que a maioria das pessoas trabalha duro e não consegue muita coisa, enquanto poucos empreendimentos de risco do tipo estrela produzem muito com tão pouco?

As estrelas são o local em que o universo cria a boa fortuna. As estrelas são a fonte da riqueza. As estrelas são o lugar para investir. As estrelas são o lugar para trabalhar.

Acredite nesse modelo, e assim você não vai se esquecer dele. Conheça o poder das estrelas. Use esse poder. Aja.

Assim que você compreender a idéia do negócio-estrela, todo o resto da sua vida profissional passará a ser pura tática: como achar a estrela antes das outras pessoas, como garantir que continue sendo uma estrela, como trabalhar em uma estrela como um dos primeiros profissionais, como tirar o máximo da sua estrela. Essas táticas serão tratadas no correr deste livro. No entanto, as táticas dependem da sua crença na idéia do negócio-estrela. Acredite nela, porque é autêntica, porque é a verdade mais importante no mundo dos negócios, e porque pode libertá-lo.

CAPÍTULO 4

AS ESTRELAS SÃO PARA TODOS

Não há passageiros na espaçonave Terra. Nós todos somos a tripulação.

Marshall McLuhan

Minha mensagem, que você captou, é que, se compreender a idéia por trás do negócio-estrela, você poderá mudar sua vida.

— No entanto, essa idéia não se aplica ao meu caso — afirmam freqüentemente as pessoas que encontro —, porque não tenho dinheiro guardado, não possuo capital para me tornar um empreendedor.

— Não importa — sempre respondo. — Você trabalha para viver?

— Sim.

— Então se aplica ao seu caso, sim. Você poderá mudar sua vida trabalhando em uma empresa-estrela.

— Por que eu faria isso? Que diferença faz?

— Porque trabalhar em um negócio-estrela é muito mais divertido e você vai ganhar muito mais.

— *Por quê?*

— Bem, em breve, se não já, um negócio-estrela estará nadando em dinheiro, e assim poderá se dar ao luxo de ser generoso.

Recompensará sua lealdade e capacidade muito mais do que uma empresa comum. Será bem-sucedido. E não há nada no mundo dos negócios (sei disso a partir de experiências pessoais) mais divertido do que trabalhar em uma pequena empresa de risco florescente e muito bem-sucedida. É se tornar uma estrela dentro de uma estrela; ganhar uma promoção e conseguir bonificações gordas. E, se você obtiver algumas ações ou opções, poderá acabar com um surpreendente e polpudo pé-de-meia. Ainda mais importante: você alcançará um lugar elevado por ter feito uma conquista, por ter modificado o mercado, por ter empolgado os consumidores, por integrar uma equipe vencedora.

Mas não pare por aí. Junte algum dinheiro e invista em um negócio-estrela. Provavelmente você irá multiplicar seu investimento. Então, pegue seus "ganhos" e invista em um outro negócio-estrela. Em breve, você ficará rico.

É *muito melhor trabalhar em uma empresa-estrela* que em uma não-estrela. Entre 95% e 99% das empresas, em média, não são do tipo estrela; assim, é bem provável que você não esteja hoje trabalhando em uma delas. Imagine como melhoraria sua qualidade de vida se encontrasse uma empresa-estrela para trabalhar.

Seria excelente se você fosse um dos primeiros funcionários de uma empresa-estrela. *Há grande valor e satisfação em ser um dos vinte primeiros funcionários de uma empresa; ser, quer você acredite ou não, um autêntico empreendedor.*

O EMPREENDEDOR MULTICABEÇAS

Recentemente, a imagem do empreendedor foi submetida a escrutínio. Autores como Michael Gerber chamaram a atenção sobre o "mito" de que os empreendedores costumam ser bons na condução dos negócios. Certo, mas essa critica não explica tudo.

O mito real a respeito do empreendedor é que há sempre, ou quase sempre, uma pessoa-chave em cada novo empreendimento de risco. Com muito mais freqüência, há *diversas* pessoas impulsionando um negócio para a frente. A não ser que o negócio permaneça essencialmente o veículo pessoal do fundador — e assim, em geral, muito pequeno —, a idéia do negócio e sua qualidade distintiva derivam das interações de até vinte empregados que estão trabalhando desde a criação da companhia.

Considero duas funções para que um novo negócio seja bem-sucedido. Por um lado, há o fundador, ou, mais comumente, dois, três ou quatro fundadores, que iniciam o negócio. Por outro lado, existe o grupo de 12 a 20 primeiros funcionários. As interações entre os fundadores e os primeiros funcionários determinam a qualidade distintiva da empresa. Os fundadores e os primeiros funcionários são, em meu livro, todos empreendedores. É a energia individual e coletiva deles que viabiliza a companhia, tornando-a distintiva. Em geral, são os funcionários, e não os fundadores, que passam a maior parte do tempo na "linha de frente" com clientes e potenciais clientes, e que, portanto, formatam a fórmula de atração e negócio que a empresa apresenta nos seus primeiros tempos.

Sou apaixonado por empresas empreendedoras. Elas estão criando todos os empregos e toda a riqueza dos Estados Unidos, da Europa e da Ásia, enquanto as grandes empresas estabelecidas agem como sanguessugas sobre o corpo da economia. Porém, não acredito que um único indivíduo seja sempre a força central por trás de uma nova empresa.[3] Não está de acordo com minha experiência.

---

3. Sem dúvida, eles às vezes são; a easyJet é criação em grande medida de Stelios Haji-Ioannau, a Southwest Airlines, de Herb Kelleher, a Disney, de Walt Disney, a DFS (fábrica de móveis), de Graham Kirkham, e assim por diante. No entanto, é uma coisa engraçada. Quanto mais sabemos a respeito de uma empresa realmente bem-sucedida a partir de dentro dela, menos o papel do fundador parece importante. Os fundadores realizam grandes feitos, mas, em geral, também cometem muitas bobagens, e preci-

Em muitas das empresas de risco em que trabalhei e investi, tive realmente grande dificuldade em identificar um empreendedor clássico. Em vez de falar de um "empreendedor" em uma empresa de risco específica, deveríamos falar de "empreendedores", ou, se você preferir, de um "empreendedor coletivo".

O empreendedorismo envolve *pessoas*, substantivo plural. São os primeiros vinte funcionários, e não o primeiro, os dois, os três ou os quatro. É a equipe. É o espírito e o equilíbrio da equipe. Há um DNA da empresa, que não pertence ao fundador, por maior que seja sua personalidade. Freqüentemente, quanto mais dominante o fundador, maior o problema, e maior o obstáculo que os co-fundadores e funcionários têm de superar.

Todos que trabalharam em um novo negócio sabem disso. Apenas o mito do empreendedor — tão caro aos jornalistas e aos acadêmicos, que via de regra nunca trabalharam em um novo empreendimento de risco — impede-nos de reconhecer essa verdade tão evidente.

Como as novas empresas de risco prosperam, desafiando as probabilidades em contrário? Um negócio-estrela refestela-se no novo nicho que cria. No entanto, se a companhia consegue isso apenas no longo prazo, não é somente a idéia da nova categoria que conta. O fundamental é que alguém converta a idéia em ação inteligente. Alguém precisa persuadir os consumidores céticos. Alguém tem de garantir que a concorrência não seja capaz de retaliar. Tem de fornecer o produto ou serviço e satisfazer os primeiros clientes, para que eles voltem. Deve melhorar o produto, para que os concorrentes fiquem para trás. Precisa organizar o negócio e

---

sam estar cercados por diversas outras pessoas que podem corrigi-los. Como os pais, os fundadores são sempre necessários, mas nunca suficientes. Mesmo alguém como Richard Branson, que quase todos consideram um fundador arquetípico, nunca teria alcançado o sucesso que alcançou sem seus colegas, a maioria amigos, que trabalham com ele desde os primeiros dias.

contratar novos funcionários, fazendo-os compreender que a empresa é tudo, e por que ela é diferente e melhor.

Quem é esse "alguém"? Talvez um ou mais de um dos fundadores. No entanto, com mais freqüência, a maior parte do trabalho de valor real dos primeiros tempos é realizada pelos outros funcionários, as primeiras pessoas atrás da porta de entrada da empresa-estrela. Elas é que fazem o negócio decolar, pois valorizam a empresa, e muitas vezes fazem isso *apesar* do(s) fundador(es), e não *por causa* dele. Esses indivíduos são os empreendedores reais, os criadores de valor real.

Um empreendimento de risco que ainda não incluí entre minhas empresas-estrela, mas que espero incluir em breve, é a Great Little Trading Company, que vende uma grande variedade de produtos exclusivos para filhos pequenos de mães ricas por meio de catálogos e internet. Seu chefe, Jamie Reeve, acredita no empreendedor multicabeças. Ele deu aos 18 funcionários a mesma quantidade de opções. "O sucesso virá através da colaboração", Jamie afirma, "assim, gosto da idéia de que possuo a mesma quantidade de opções que o funcionário menos graduado". Jamie não é completamente louco; ele tem uma posição acionária bem grande, pela qual pagou, além das suas opções.

Eis agora uma evidência sólida de que uma empresa que se baseia no empreendedor multicabeças paga grandes dividendos. A única empresa de capital de risco do mundo que possui a mesma abordagem que a minha (ainda que eu possa não gostar de dizer isso) é a Bain Capital, com sede em Boston, uma subdivisão da Bain & Company, a empresa de consultoria estratégica da qual fui sócio. A Bain Capital e eu partilhamos três hábitos:

★ Somos muito seletivos em relação aos nossos investimentos, preferindo desenvolver investimentos existentes e mantêlos por muito tempo a vendê-los e partir para novos negócios.

- ★ Desempenhamos um papel muito ativo na elaboração da estratégia dos empreendimentos de risco em que investimos, e não hesitamos em dar "orientação" (ou mais do que orientação) para nossos executivos principais, e em substituí-los em caso de necessidade.
- ★ Temos grandes expectativas em relação ao desempenho dos nossos investimentos e ao preço pelo qual o venderemos no final.

Quase todos os investimentos da Bain Capital envolvem empresas-estrela. Qual é o retorno desses investimentos para a Bain Capital?

Impressionante. O melhor do setor, em qualquer lugar do mundo. Nos dez primeiros anos de sua existência, a Bain Capital *dobrou o valor dos seus investimentos, em média, todos os anos*. É o que os investidores de capital de risco chamam de 100% de taxa de retorno interna — o valor médio pelo qual o valor cresce, composto, todos os anos. Em geral, uma taxa normal de retorno é de 10% a 20% ao ano em relação ao capital de risco, e um retorno de 30% é considerado muito bom. Um retorno de 100% é espantoso! Em termos de perspectiva, se você realizar um investimento inicial de 10 mil dólares e ele dobrar todo ano, vai ter 10 milhões de dólares depois de uma década.

Se você é assalariado...

- ★ Encontre um empreendimento de risco do tipo estrela para se associar, um que tenha acabado de ser criado ou que ainda tenha poucos funcionários. Certifique-se de que seja de fato um negócio-estrela, isto é, a maior empresa em um nicho de mercado em grande crescimento (ver os Capítulos 11 e 12).

★ Torne-se um dos primeiros vinte funcionários.

★ Tente encontrar uma companhia que seja generosa em relação ao direito de adquirir suas ações, ou que apresente a possibilidade de vir a oferecer ações no futuro se você e a empresa progredirem. Você estará, assim, criando um lote de valor. E será recompensado por isso.

★ Se surgir a oportunidade de investir em uma empresa-estrela, invista o máximo de dinheiro que puder. Procure essas oportunidades com perseverança.

★ Pense como se você fosse o dono, como se aquela fosse a sua empresa. Desempenhe um papel importante nela. Lembre-se: *você pode ser uma pessoa importante*. Na verdade, assim que foi contratado, você passou a ser esse alguém importante.

★ Tenha confiança de que a empresa será altamente bem-sucedida, e ela será. É apenas uma questão de planejar o quão alto as estrelas — você e o negócio — podem chegar. Seja o mais ambicioso, mais obstinado, mais entusiasmado, mais criativo, mais visionário da companhia. Se os outros acham que a empresa pode ser grande, acredite que ela poderá ser muito maior.

★ Verifique se a empresa já converteu sua fórmula teórica em ação prática em relação a quatro dimensões necessárias:

  ☆ O produto é tecnicamente acessível para a maioria dos consumidores?

  ☆ Criaram-se expectativas entre os consumidores?

☆ Os consumidores ficaram satisfeitos?

☆ A empresa é uma máquina bem lubrificada, com fórmula consistente, modo de trabalho confiável e resultados excelentes constantes com baixo custo? Caso contrário, escolha a dimensão ausente que é mais necessária, ou onde você pode ser mais útil, e complete a conversão (o Capítulo 13 mostra como).

Se você ainda não estiver trabalhando em uma empresa-estrela, priorize o objetivo de encontrar uma empresa desse tipo imediatamente. Por quê?

★ *Prazer.* É muito mais divertido trabalhar em uma equipe vencedora, que cresce rapidamente, da qual você faz parte desde o início das atividades.

★ *Desenvolvimento pessoal.* Desenvolva-se em todas as dimensões que tiver vontade. Haverá muitas necessidades em todas as áreas em que você quiser atuar.

★ *Você será uma pessoa de importância.* Como um dos primeiros líderes da empresa, você se destacará e será capaz de investir parte de seu eu na companhia. Em uma empresa grande, já estabelecida, é quase certo que será apenas mais um. Porém, em um companhia que começou pequena mas ficou muito maior, onde está desde o início, você será uma pessoa de importância.

★ *Você será promovido com mais facilidade e com mais rapidez.* Uma empresa que apresenta crescimento acelerado é muito diferente de uma sem esse atributo. Um empreendimento de risco em rápida expansão é sempre carente de talentos, pois há mais vagas disponíveis do que pessoal para preenchê-las. Você quererá ser testado, e seus colegas irão querer testá-lo. Não será uma questão de esperar que o chefe o demita. A pergunta que seus colegas formularão será: "Você é mesmo capaz de realizar esse trabalho?". Se a resposta for *sim*, ou mesmo *talvez*, você conseguirá.

(Descobri isso quando saí do BCG, uma empresa que crescia cerca de 10% ao ano, e fui trabalhar na Bain & Company, que crescia de 40% a 50% ao ano. O trabalho era o mesmo. No entanto, enquanto no BCG a fila de promoções à minha frente era longa, na Bain não havia fila. Eu era um fracasso no BCG. Pedi demissão para não ser demitido. Na Bain, eu era uma estrela. Recebi duas promoções em menos de dois anos. Tornei-me sócio da empresa pouco depois de completar 30 anos. Meu desempenho não tinha mudado. Eu era o mesmo Richard Kock. Mas as oportunidades eram muito maiores.)

- ★ *É provável que você ganhe mais e receba bonificações maiores em bem menos tempo.* Depois de um negócio-estrela atingir certo tamanho, ele começa a fazer muito dinheiro. Parte dessa recompensa será destinada aos funcionários; e, lembre-se, isso acontece *antes* de você levar em conta os efeitos da promoção. Depois de trinta meses na Bain, eu ganhava três vezes mais do que no BCG; o que era muito generoso para começar.
- ★ *Você vai ganhar muito dinheiro.* Não estou falando do salário. Refiro-me a ações e opções. Dinheiro grosso. Isso depende, é claro, da maneira como você negocia seu contrato de trabalho e da sua coragem em adquirir ações o quanto antes.

Você tem potencial para iniciar um grande empreendimento de risco?

Selecione a afirmação em cada grupo que você considera mais importante para iniciar um negócio de risco:

Grupo 1: A — trabalho duro e muitas horas de dedicação; B — determinação para ter êxito; C — encontrar um mercado em grande crescimento; D — conhecer as pessoas certas.

Grupo 2: A — os colegas de trabalho; B — ter a idéia exata dos objetivos do negócio; C — ser o líder em seu nicho de mercado; D — ser bem organizado.

Grupo 3: A — ter muito capital; B — fornecer algo diferente e atraente para determinado grupo de consumidores; C — desenvolver um tipo único de empresa; D — ter um grande fundador, que seja um líder inspirado e capaz de se comunicar com qualquer pessoa.

Grupo 4: A — tomar decisões por consenso; B — encontrar uma maneira de satisfazer os consumidores e simultaneamente obter altos lucros; C — construir uma grande marca; D — ter um conjunto claro de papéis e responsabilidades para cada um.

Grupo 5: A — vigiar o fluxo de caixa como um falcão; B — ser o líder em um nicho em grande crescimento; C — ter produtos diferenciados e demonstrar entusiasmo em relação a eles; D — assegurar que todos os funcionários fiquem felizes e unidos.

Grupo 6: A — encontrar o trabalho certo compatível com as habilidades de cada funcionário; B — encontrar uma brecha de mercado e ser o primeiro a explorá-la; C — manter-se à frente da concorrência; D — possuir um plano de negócios claro e segui-lo com tenacidade.

COMO VERIFICAR A PONTUAÇÃO DE SUAS RESPOSTAS

Para cada resposta A, some 3 pontos. Para cada B, 5 pontos. Para cada C, 4 pontos. Para cada D, 0 ponto.

Faça a soma para obter o total (mínimo: 0, máximo: 30 pontos).

AVALIAÇÃO DO TOTAL DE PONTOS

De 25 a 30 pontos: Se você quiser de verdade ganhar dinheiro como empreendedor, poderá fazer isso com toda a certeza.

De 18 a 25 pontos: Você está na trilha certa; as perspectivas são boas. Veja onde sua escolha foi a resposta A ou D e leia o restante do livro com atenção.

De 10 a 17 pontos: Volte a fazer o teste depois de ler o livro. Começar um grande negócio ainda é possível, desde que você tenha as idéias certas.

De 0 a 9 pontos: Provavelmente você terá mais sucesso como empregado do que como empreendedor. No entanto, encontre um emprego em uma empresa-estrela e poderá se dar muito bem.

SE VOCÊ É UM FUNDADOR OU UM EMPREENDEDOR AMBICIOSO...

Se quiser iniciar um negócio, os motivos para almejar a criação de uma empresa-estrela são muito mais atraentes. Você pode investir a mesma quantidade de habilidade e esforço em um negócio não-estrela ou em um negócio-estrela. No entanto, os resultados serão totalmente diferentes. O negócio-estrela será muito mais fácil de ser desenvolvido e muito mais recompensador. Como fazer isso?

★ Encontre uma idéia-estrela. Os Capítulos 8, 9 e 10 o orientam a esse respeito. Ou transforme seu negócio já existente em um negócio-estrela (por exemplo, desenvolvendo uma pequena parte do seu empreendimento, que é ou pode se tornar um negócio-estrela) — os Capítulos 7 e 14 vão lhe mostrar tudo o que você precisa saber.

★ Pense bastante a respeito da seleção dos primeiros vinte funcionários do seu novo empreendimento de risco. Compreenda a importância que essas pessoas terão.

★ Alimente o empreendedor multicabeças. Ofereça aos primeiros vinte funcionários uma generosa parte da empresa.[4] Mesmo que pareça contra seus interesses, não será. O bolo ficará muito maior — e se o empreendimento de risco é do tipo estrela, o bolo ficará enorme. Como os funcionários mais importantes poderão pensar seriamente como proprietários da empresa se não forem?

★ Se a empresa não for capaz de crescer rapidamente, e se for de fato um negócio-estrela, será porque você não tem todas as pessoas certas. Identifique o obstáculo contra o crescimento e contrate a melhor pessoa para superá-lo.

★ Esteja disposto a delegar tarefas. Então, focalize uma ou duas atividades em que você é realmente bom e se divirta.

---

4. "Quanto?", me perguntam com freqüência. Embora não seja uma fórmula de aplicação universal, uma boa regra prática é que as pessoas do escalão mais alto (fundadores etc.) não devem obter mais do que dez vezes a participação da pessoa número 20. Na prática, poucos sócios fundadores estão dispostos a ser assim generosos, mas aqueles que são nunca se arrependem. Uma equipe será uma equipe de verdade se o *status* e as recompensas nunca excederem uma proporção de 10:1. Se você não for capaz de aceitar isso, contrate uma equipe menor, mas mantenha essa proporção. No entanto, uma equipe menor sobrecarregará você.

O empreendedor nasce feito ou se faz ao longo do tempo?

A verdade é que não sabemos. Não há nenhuma pesquisa rigorosa disponível.

Nós todos temos nossas teorias favoritas. A minha, baseada na observação de centenas de empreendedores bem-sucedidos e malsucedidos (mas sem teste científico), é que existe uma vasta gama de tipos de indivíduos que iniciam empreendimentos de risco. Pessoas que parecem possuir personalidades parecidas são tanto bem-sucedidas como malsucedidas. Algumas fracassam diversas vezes antes de acertar. Outras alcançam um grande sucesso, mas são incapazes de repeti-lo.

Se existe um tipo de personalidade que tem mais probabilidade de obter êxito, tanto o senso comum como a observação indicam que é provável que ele exiba determinação, confiança, segurança, criatividade, pensamento não convencional e capacidade de discernir padrões onde os outros apenas enxergam um quadro aleatório. Tem-se a impressão de que esses atributos estão correlacionados a certos tipos de personalidade, definidos por psicólogos respeitáveis (por exemplo, os tipos de Meredith Belbin), mas não há uma correlação forte com algum tipo em especial.

Outros supostos atributos referentes a empreendedores de sucesso, como disposição para trabalhar todas as horas concedidas por Deus, são quase sempre citados como fatores-chave do êxito. Porém, não há a mínima evidência que dê sustentação a essa afirmação. Trata-se de um clichê e, provavelmente, é uma ilusão.

Com toda a certeza, quase todos os empreendedores de sucesso destacam a importância do trabalho duro. No entanto, 95% ou mais dos executivos, bem-sucedidos ou malsucedidos, e os funcionários das empresas também fazem o mesmo. Não há evidência de que o trabalho duro, em vez de outros atributos comuns — como determinação, visão, vaidade e capacidade de criar novas idéias e acreditar nelas —, seja a fonte do sucesso. Contudo, é uma verdade evidente que uma grande quantidade de empreendedores malsucedidos e gerentes malsucedidos trabalham muito duro. Também é evidente que alguns empreendedores muito ricos, como Donald Trump, Warren Buffett, Richard Branson e agora Bill Gates gastam muito tempo fazendo outras coisas além de trabalhar duro em suas empresas (divertindo-se, apresentando programas de TV, realizando filantropia). Minha experiência pessoal é que, à medida que ganhava mais dinheiro e criava outros empreendimentos bem-sucedidos, menos eu trabalhava. O argumento "trabalho duro" ou é um despiste ou está correlacionado negativamente ao sucesso.

Observe a questão de uma maneira diferente. O que é irrefutável é que, em sua maioria, os empreendimentos de risco mais bem-sucedidos são negócios-estrela, líderes em nichos de grande crescimento. Algumas pessoas podem ter capacidade mais intrínseca de criar empreendimentos de risco do tipo estrela do que outras, porque, acredito, são mais criativas e não-convencionais, estão imersas mais profundamente em uma atividade específica ou conhecem muitíssimo bem um mercado em particular e são capazes de perceber as brechas.

A verdade é que é possível ensinar para as pessoas (1) a importância de criar um empreendimento de risco do tipo estrela em vez da grande maioria dos empreendimentos de risco que não são do tipo estrela, (2) como conceber possíveis idéias-estrela, (3) como testá-las para comprovar se funcionam e (4) como colocar a idéia em prática. Também sei que criar um empreendimento de risco envolve um esforço de equipe, em que tipos diferentes de indivíduos proporcionam contribuições essenciais.

Concluo que qualquer pessoa que deseja verdadeiramente criar um grande negócio, e possui a determinação e autoconfiança em combinação com, ao menos, uma inteligência média, possui uma boa chance de ter sucesso, desde que tenha o conhecimento necessário. Esse conhecimento é (a) o modelo para o negócio de risco bem-sucedido (isto é, deve ser estrela) e (b) o caminho para começar a criar esse empreendimento de risco, descrito neste livro.

Se você é ou pode ser um investidor...

- ★ Invista apenas em um negócio-estrela. Verifique se é realmente estrela — ver os Capítulos 8 e 12 — antes de investir o dinheiro.
- ★ Estimule os fundadores a assumir uma perspectiva ampla a respeito do empreendedor multicabeças.
- ★ Tenha grandes expectativas e insista em mudanças radicais se as expectativas não foram satisfeitas — ver o Capítulo 15. Se não houver outra opção para o crescimento e se a participação de mercado diminuiu, troque o presidente executivo da empresa.

Conclusão

Se for para ganhar a vida, você deverá trabalhar como uma das primeiras vinte pessoas de um novo empreendimento de risco do tipo estrela. Você pode ser uma pessoa de importância. Será a oportunidade da sua vida.

Se quiser ser um empreendedor fundador, eu lhe mostrarei como criar seu próprio empreendimento de risco do tipo estrela.

E qual é o melhor segredo de todos? Não será tão difícil quanto você pensa, se você souber como. A vida, é dito com sabedoria, é difícil. No entanto, ficar rico é muito mais fácil! É o momento de descobrir como.

Segunda parte

★

DESCOBRIR UMA ESTRELA

CAPÍTULO 5

A ARTE DE CRIAR ESTRELAS

> O segredo do sucesso é saber alguma coisa que ninguém mais sabe.
>
> *Aristóteles Onassis*

Quando dou uma palestra sobre como é fácil descobrir grandes estrelas, sempre surge uma questão.

— O que você está dizendo é que temos de descobrir grandes negócios — uma pessoa da platéia objeta —, mas qual é a utilidade de você nos falar para encontrar um negócio-estrela sem nos revelar como podemos descobrir as estrelas? Se fosse mesmo tão fácil, todos nós nos tornaríamos milionários. Não pode ser tão simples.

Você talvez esteja pensando da mesma forma.

É uma questão que adoro, e quanto mais cético o questionador, melhor. Embora seja um ponto inteligente, baseia-se em uma sabedoria convencional e revela uma total falta de compreensão a respeito do poder da idéia associada ao negócio-estrela. Minha opinião, por mais surpreendente que pareça, é que *há uma maneira comprovada de que é possível levá-lo a um negócio-estrela*. Ela é descrita nos capítulos a seguir, principalmente nos Capítulo 8, 9 e 10.

Em primeiro lugar, no entanto, gostaria de explicar neste breve capítulo o motivo pelo qual batalhar por um negócio-estrela é algo muito melhor do que simplesmente dizer "descobrir um grande negócio", pois a abordagem-estrela não é tão óbvia quanto aparenta.

A IDÉIA DO NEGÓCIO-ESTRELA É INCOMUM E ESPECÍFICA, E VOCÊ PÁRA DE PERDER TEMPO

Se alguém lhe disser: "Encontre um negócio novo que se tornará muito lucrativo", isso não será de grande ajuda. Não lhe revelará onde ou como procurar. No entanto, se o conselho for "Descubra um negócio-estrela", isso será mais útil e concreto. De fato, exclui a grande maioria das idéias sobre negócios. Até exclui a grande maioria de novos empreendimentos de risco que sobrevivem e tentam ganhar a vida.

Lembre-se do que significa um negócio-estrela. É a *maior empresa* em seu nicho. Esse nicho também deve apresentar *grande crescimento*, de 10% ao ano, no mínimo, durante um longo período. Ambas as condições devem ser satisfeitas; caso contrário, não se trata de um negócio-estrela.

A maioria dos negócios não lidera seu nicho. Poucos nichos apresentam um crescimento de 10% ao ano. Apenas cerca de 5% dos negócios sobreviventes, e uma proporção muito menor de possíveis novos empreendimentos de risco, satisfará tais condições.

Isso significa que você pode se esquecer de mais de 95% das idéias que tem. Isto é, de 20 idéias, 19 podem ser jogadas fora, com total segurança e sem pestanejar. O que economiza muito tempo. Se você desenvolveu alguma dessas 19 idéias e encontrou alguém que investiu recursos para materializá-la, você empregou anos de sua vida e muito dinheiro de alguém (e quem sabe algum dinheiro seu) em um negócio de risco que talvez nunca venha a lhe dar um grande retorno financeiro. No entanto, é mais provável que ele vá à falência mais cedo ou (ainda pior) mais tarde.

O primeiro mérito do conceito do negócio-estrela é que ele faz você parar de aplicar tempo e esforço em idéias que quase com certeza vão lhe proporcionar pouco retorno. E, infelizmente, quase todas as idéias pertencem a essa categoria.

É onde o conceito do negócio-estrela ganha pontos sobre a idéia relativa ao "negócio incrível". Você pode se convencer de que qualquer coisa possui o potencial de ser um negócio fantástico. No entanto, se for honesto consigo mesmo, não poderá aceitar com tanta facilidade que sua idéia está entre os 5% dos negócios, ou menos, que são corretamente definidos como estrelas. A definição de um empreendimento de risco do tipo estrela não é subjetiva. É objetiva, e exige duas condições bem difíceis de serem satisfeitas.

Você tem de determinar *por que* e *como* seu negócio se tornará líder. Se o nicho já existe, o líder também. Tirar um líder da liderança é sempre possível, mas não é fácil. Não é algo em que se deve apostar, a não ser que você disponha de uma vantagem competitiva que seja muito atraente.

Em geral, os empreendimentos de risco do tipo estrela iniciantes criam seu próprio nicho. Se o nicho for viável, o negócio começa na posição maravilhosa de "líder nato".

Criar um nicho novo e viável é difícil. A grande maioria das tentativas de criar um nicho fracassa. Por quê? Duas condições precisam ser satisfeitas:

★ Deve existir uma brecha no mercado. Os participantes não levaram em consideração a brecha ou a consideraram muito pequena, pouco lucrativa ou muito implausível. Com toda a certeza, isso é possível, mas não muito provável.
★ Deve existir um mercado na brecha. A brecha deve ser grande o suficiente para sustentar, no mínimo, um novo empreendimento de risco (o seu) de modo lucrativo. Isso também não é muito provável.

Se você adotar a teoria-estrela, além de ter de demonstrar que o nicho será criado, também terá de provar que o novo empreendimento de risco será o líder desse nicho. Além disso, você tem de acreditar que o nicho crescerá consistentemente 10% — e, de preferência, muito mais — por ano. Os obstáculos são grandes. Se acha que seu nicho vai ultrapassar esse valor, você deverá ter boas razões para acreditar nisso. Naturalmente, ninguém é capaz de saber qual será a taxa de crescimento de um mercado ainda não criado. No entanto, a formulação da questão suscitará muitas dúvidas em relação à mais robusta das proposições.

Os empreendimentos de risco do tipo estrela são raros. As condições são pesadas. Por que, então, devo dizer que é possível imaginar um grande e novo negócio-estrela? Porque você possui uma grande vantagem inicial se sabe exatamente o que está procurando, e poderá rejeitar, com facilidade e rapidez, a grande maioria das idéias que ocorrerem a você e seus amigos.

Vou revelar um segredo. Grande parte dos administradores "brilhantes" e dos empreendedores *superstar* operam milagres não por causa do seu talento, mas sim porque estão no lugar certo, na hora certa. Quase qualquer pessoa com competência razoável, na posição onde eles se encontravam, poderia ter feito a mesma coisa. E, quando uma empresa bem-sucedida começa a falhar, o mesmo costuma ser verdade, em sentido contrário. Mesmo o melhor executivo do mundo tem uma pequena chance de reverter o ímpeto caprichoso dos mercados e dos concorrentes quando eles decidem atacar uma empresa.

Como o professor Phil Rosenzweig, da escola de negócios IMD, da Suíça, demonstra, quase todas as explicações habituais a respeito do sucesso de um negócio são inúteis, e superestimam o impacto dos administradores individuais.[5] Quando uma empresa vai

---

5. Phil Rosenzweig, *The Halo Effect... and the Eight Other Business Delusions That Deceive Managers* (Nova York: Free Press, 2007).

bem, explicamos seu sucesso em termos de liderança e cultura. Quando a empresa começa a ir mal, consideramos atribuições opostas: encontramos todos os tipos de motivos pelos quais o líder e a cultura perderam o rumo. Na realidade, não estamos explicando o sucesso ou o fracasso: estamos apenas racionalizando-o.

Ainda que vá contra tudo aquilo em que gostamos de acreditar, contra tudo o que lemos nas monografias e nos livros, a verdade é que os executivos têm muito menos influência do que eles acreditam, e nós também, uma vez que o posicionamento da empresa esteja estabelecido. Um executivo *versus* outro é quase completamente irrelevante, a não ser que ele tome uma decisão corajosa e perigosa de tentar transformar o posicionamento da companhia. Isso é muito raro. Mesmo quando a tentativa é feita, ela resulta em um número muito maior de fracassos do que de sucessos.

As pessoas podem fazer diferença e se colocar em uma posição mais elevada quando:

★ selecionam o posicionamento para um novo ou jovem empreendimento de risco;
★ percebem que o sucesso se origina da criação de uma empresa-estrela (essa é a única razão genérica e confiável para o sucesso empresarial, pois quase todas as empresas-estrela são muito bem-sucedidas, desde que continuem sendo estrela — e, de modo decisivo, ao contrário: quase todas as empresas muito bem-sucedidas são estrela);
★ resolvem criar um empreendimento de risco do tipo estrela.

Eis um motivo ainda melhor para ser otimista: há uma rota comprovada para a criação de novos empreendimentos de risco do tipo estrela. Eu sei. Já viajei por essa estrada diversas vezes. Embora nem sempre tenha tido sucesso ao planejar criar um empreendimento de risco do tipo estrela, fui bem-sucedido mais vezes do malsucedido.

E, em virtude das minhas muitas viagens, descobri como tornar as probabilidades de êxito ainda mais favoráveis. Sistematizei o que funciona e o que não funciona. Refleti sobre por que as coisas funcionam e por que não funcionam. É disso que o livro trata. Em suas mãos, você tem o primeiro — e até agora o único — guia de criação de um negócio-estrela.

Muito bem, é isso. Eu hesitei. Tentei responder às dúvidas dos céticos. Se você me acompanhou até aqui, está prestes a descobrir como também pode encontrar um negócio-estrela.

CAPÍTULO 6

ESTRELAS NASCENTES

Alguns nascem grandes, outros alcançam grandeza, e
há aqueles que possuem o impulso da grandeza em si.

William Shakespeare

Indiscutivelmente, duas das minhas cinco estrelas nasceram estrelas. Criaram um nicho que a conduziram desde o início.

BELGO: A CADEIA DE RESTAURANTES-MOSTEIROS

O que pode diferenciar um restaurante de todos os outros restaurantes? Imagine atravessar um túnel longo e escuro, e alcançar uma caverna subterrânea. Vários monges, trajando hábitos longos, se movimentam apressados entre mesas compridas de madeira. Há gente sentada a essas mesas, não em grupos de duas ou quatro pessoas, mas em grupos grandes. Os clientes bebem cerveja de mosteiros obscuros da Bélgica e comem mexilhões direto de panelões fumegantes, ques estão sobre fogões, e não em mesas. Vêem-se pratos repletos de batatas fritas servidos com maionese, mas sem *ketchup*. Há muito barulho, um rumor contínuo de vozes amplificadas pelas pedras da caverna.

Bem-vindo ao primeiro restaurante Belgo, aberto em 1992, perto de Camden Lock, em Londres. Aqui você encontrará uma atração noturna sensacional, com uma fila de clientes dando a volta em torno do quarteirão, esperando sua vez para entrar. O Belgo é o único empreendimento de risco que já conheci que não deixou dúvidas, desde a primeira semana de atividade, de que seria um negócio-estrela, onde o céu seria o limite.

Era um negócio que dois homens incomuns tinham tentado materializar durante anos, mas sem sucesso. De fato, eles formavam uma dupla excêntrica. Um era André Plisnier, um trintão alto e melancólico, meio belga, mas que tinha uma cativante pronúncia inglesa de classe alta e lembrava o detetive Hercule Poirot, famoso personagem de Agatha Christie. Ele tinha sido gerente de restaurante. O outro era Denis Blais, um jovem independente, franco-canadense, na casa dos 20 anos, ex-garçom de bar, que se vestia todo de preto e parecia mais um astro de Hollywood do que um empreendedor. Os dois tentaram despertar meu interesse com suas idéias estranhas a respeito de restaurantes temáticos. Na realidade, eles tinham seis idéias temáticas, cada uma representando uma culinária nacional diferente e cada uma com um conjunto de idéias cênicas e de design para combinar com o cardápio.

Nós discutimos as propostas.

— É ótimo ser diferente — eu disse —, e o conceito dos garçons vestidos como monges, servindo cerveja e comida belga, é o mais diferenciado de todos. Como vocês têm certeza de que haverá demanda? Alguém já está fazendo isso?

— Não na Inglaterra — André respondeu. — Mas há uma cadeia de comida belga em Paris, chamada Leon, e os restaurantes vivem repletos. Pegamos algumas de suas idéias, mas acrescentamos outras que são nossas. Por exemplo, se vestirmos os garçons como monges, poderemos tornar inevitável a conexão entre a Bélgica e a cerveja de mosteiro.

— E colocando o restaurante em um grande espaço aberto, apenas com mesas e bancos compridos de madeira e paredes de pedra, nós o tornaremos parecido com um refeitório de mosteiro — Denis acrescentou. — Não há nenhum outro restaurante semelhante na cidade. Estamos dedicando muita atenção a todos os detalhes do design.

— Já percebi, pelo orçamento que vocês me entregaram — eu disse. — Pedir 315 mil libras esterlinas para investir na abertura de um único e pequeno restaurante é um absurdo. Que tal vocês cortarem alguma coisa da instalação e da mobília?

— Queremos que o lugar seja realmente autêntico e também fashion — Denis afirmou. — Nossos clientes devem sentir que estão consumindo uma refeição de 40 libras pagando 20 libras. Não haverá outro estabelecimento em que possam passar por uma experiência tão incomum e ter um serviço excelente pelo mesmo preço.

— Fico feliz que você tenha mencionado isso — eu lhe disse. — Se tivermos custos fixos tão altos, e também gastarmos muito dinheiro com dezenas de garçons, como iremos ganhar dinheiro?

— Nós pensamos nisso — André respondeu. — O cardápio é elaborado com muito cuidado. Estamos buscando margens brutas bastante altas, cerca de 73%. Podemos conseguir isso porque iremos servir comida popular belga com preços mais ou menos altos. Todos acham que mexilhões são muito caros, mas não são. Podemos cobrar dez libras por um panelão de um quilo de mexilhões, com um tempero maravilhoso, e acompanhado de batatas fritas, e isso nos custará, de fato, menos de 2,50 libras. Batatas fritas são o alimento com margem bruta mais alta que existe, e a maioria dos pratos será acompanhada por elas, ou poderão ser pedidas à parte. Nossas cervejas de mosteiro belga são caras, e nossos clientes não poderão fazer comparações diretas, pois seremos os únicos fornecedores na Inglaterra. E o ambiente festivo e o barulho do salão de refeições estimulará os clientes a beberem muita cerveja.

— Serei o responsável pela preparação dos pratos — Denis interveio. — Planejo fazer isso como se fosse uma fábrica de fast-food. O pedido será transmitido direto dos consoles dos garçons para a cozinha, e o prato será sempre preparado em até dez minutos e logo servido para o cliente. Meu ideal é um prato de alta qualidade, mas feito da mesma maneira e no mesmo tempo que um McDonald's mais sofisticado.

— E nós queremos uma grande rotatividade nas mesas — André revelou. —Vamos tirar os pedidos das bebidas logo depois que as pessoas se sentarem. No final, fecharemos a conta e receberemos o pagamento em dois minutos. Nosso plano é que os clientes permaneçam entre 45 minutos e uma hora no restaurante.

— Isso é muito bom — afirmei —, pois essa é a única maneira de as contas fecharem. Como vocês pretendem investir muito no negócio, nós só conseguiremos ter o investimento de volta se tivermos muitos clientes. Assim, gosto da idéia de um restaurante de serviço rápido, mas de qualidade. Estimo que precisaremos de três ou quatro giros por dia em cada mesa para conseguir dinheiro suficiente. No entanto, o raciocínio de vocês tem uma falha. Não adiantará nada servir os clientes rapidamente se eles ficarem ocupando a mesa muito tempo depois de comerem.

— Não deixaremos isso acontecer — Denis foi categórico. — Quando fizerem a reserva, nós lhes diremos que eles têm um prazo, exatamente como um avião esperando para decolar. Se a reserva foi feita para as sete da noite, terão de deixar a mesa às oito e meia. Além disso, quando chegarem, serão informados de que nós precisaremos da mesa a tal e tal hora.

— Acha que vamos conseguir fazer isso sem problemas?

— Só se nos tornarmos um lugar badalado. Mas é isso mesmo o que pretendemos: ser um lugar badalado.

— E o nome? — perguntei. — Todos os especialistas em marca afirmam que o nome tem muita importância. Ele deve associar o negócio com a experiência.

— Queremos chamar o restaurante de Belgo — eles responderam em uníssono. — Seremos os primeiros em nossa própria categoria de restaurante-mosteiro belga, e o nome Belgo evocará a idéia instantaneamente. Só vai haver um lugar para ir se você quiser viver essa experiência, e Belgo é seu nome.

— Vocês estão bastante entusiasmados com o conceito — concluí — e deram ótimas respostas às minhas perguntas. Porém, reconheço que vocês estão planejando isso há anos. Por que ainda não inauguraram o restaurante?

— Ninguém quis nos financiar.

Eu não estava certo de que ia dar certo. Na realidade, avaliei que o Belgo mostrava, na melhor das hipóteses, 50% de chance de êxito. Seria de fato um negócio-estrela? Criaria sua própria categoria? O nicho cresceria rápido? Considerava que a idéia era suficientemente estranha e distintiva, e, se decolasse, o Belgo seria capaz de manter a liderança em seu nicho por muito tempo. A questão principal era se os clientes apareceriam. Se eles aparecessem, seria um negócio-estrela.

A grande coisa a respeito de um empreendimento de risco, varejista e de marca — um restaurante, uma loja, um bar — é que, se o primeiro estabelecimento funcionar, o segundo funcionará, e o terceiro também, e assim por diante. O desdobramento pode garantir um crescimento acelerado. Se a fórmula envolve uma margem alta, e dá um grande retorno sobre o capital investido, você poderá fazer uma pequena fortuna de um pequeno investimento, financiando o crescimento futuro a partir do fluxo de caixa do primeiro estabelecimento ou estabelecimentos.

Assim, disse para os rapazes que eu iria investir no negócio. Eles mal conseguiram acreditar; afinal, tinham enfrentado muitos desapontamentos. E, exultantes, foram direto a um bar para comemorar, com sorrisos descomunais nos lábios.

Os clientes apareceram. O Belgo começou a fazer dinheiro aos montes. Quanto tínhamos apenas dois restaurantes, vendemos o negócio para um consórcio liderado por Luke Johnson, um empreendedor britânico de renome, que então começou a vender ações. Meu investimento de 300 mil libras se converteu em 6 milhões de libras. André e Denis obtiveram um retorno ainda melhor.

Betfair: a estrela de 2 bilhões de dólares

Vocês todos se lembram de Andrew (Bert) Black, que mencionei na Introdução do livro. Como um jogador perspicaz, que aposta contra a banca, Bert quis plantar uma bomba sob o inimigo: as grandes corretoras de apostas. Sua idéia para revolucionar o mercado mundial de apostas era desenvolver uma "troca de apostas", um sistema baseado na internet, combinando apostas contrárias de pessoas.

Quando encontrei a Betfair, no início de 2001, a empresa já tinha alguns meses. Para um olhar não treinado, parecia uma zona de guerra: uma idéia estranha, nunca tentada antes; executivos jovens e inexperientes; receitas insignificantes; perdas enormes; subcapitalizada e com reservas financeiras quase esgotadas. E Andrew Black, com sua predileção por usar *short* no escritório mesmo no inverno mais rigoroso, assemelhava-se a um clássico inventor maluco.

No entanto, assim que fiquei sabendo a respeito da Betfair e falei com os fundadores, soube que era um negócio para mim, pois foi o exemplo mais claro que vi em décadas de um negócio-estrela, que — infortúnios à parte — provavelmente se tornaria um empreendimento muito grande e valioso. Minúscula e aparentemente fraca como era, a Betfair já era líder em um nicho em crescimento acelerado — que, eu supunha, poderia ficar enorme.

O mercado de apostas era gigantesco, mas não apresentava grande crescimento. No entanto, o caso da Betfair era diferente. Ao oferecer um tipo peculiar de jogo para os jogadores, a Betfair estava criando seu próprio mercado: o mercado de "troca de apostas". Os corretores de apostas tradicionais não estavam nesse mercado; eles eram incapazes de proporcionar trocas de apostas. Assim, do meu ponto de vista, a Betfair não tinha uma participação minúscula de um mercado enorme. Ela tinha, sim, uma fatia muito grande — havia uma outra empresa de troca de apostas, que começara as atividades no mesmo ano — de um mercado minúsculo. E esse mercado, minúsculo como era, vinha crescendo muito rápido. De fato, a Betfair crescia mais de 30% *ao mês*. É um crescimento rapidíssimo; mais que dobrava de tamanho a cada três meses.

Ainda que ninguém estivesse prestando atenção à Betfair naquele momento, e que a empresa estivesse quase falindo, era um negócio-estrela. Eu seria capaz de comprar um bom pedaço dela por um preço mínimo. O que eu sabia que todos os demais possíveis investidores ignoravam? Nada. Exceto que a Betfair era uma empresa-estrela.

Quando adquirem negócios, todos os investidores de risco levam bastante em consideração a tecnologia, o gerenciamento, o mercado. Eles realizam todo tipo de investigações complexas. Contratam consultores para avaliar a tecnologia e o mercado, contadores para vasculhar os livros contábeis e advogados para obrigar os administradores a fazer tudo o que eles quiserem. Eu não faço nada disso. Sabia que a Betfair era um negócio-estrela. Isso era o suficiente para mim.

Tudo bem, como jogador, eu gostava da idéia da Betfair, pois oferecia melhores oportunidades do que as corretoras de apostas, e, se fosse bem-sucedida, seria uma fonte de incômodos para essas empresas. Todo jogador adora odiar as corretoras de apostas. No entanto, não sou um seguidor de Victor Kiam, que comprou a Remington porque gostava da fazer a barba com seu aparelho de barbear. Nunca invisto em uma companhia porque gosto do seu produto. Nos primeiros anos em que fui um dos proprietários e diretor da Betfair, não me registrei como usuário. Para ser honesto, não me dou bem com tecnologia, e não sabia como entrar no site e apostar. Lembro-me de ter sido alvo de brincadeiras por parte de alguns dos diretores da Betfair quando comentei, quase três anos depois de ter feito meu investimento, que tinha acabado de começar a usar o site, e ficara impressionado. Como uma pessoa pode investir em um novo negócio sem fazer um teste extensivo antes, sem compreender como ele funciona?

A ignorância intencional é uma das minhas melhores ferramentas de investimento. Não quero saber muita coisa antes de fazer um investimento. Não quero obscurecer meu julgamento, ou dificultar a decisão. Não quero conhecer todos os riscos ou compreendê-los. Só quero saber, com razoável certeza, que se trata de um negócio-estrela. Isso torna a vida simples e divertida. E lucrativa.

Vamos avançar com a história da Betfair. Em 3 de abril de 2006, 23% da Betfair foi vendida para o Softbank, do Japão, por 1,54 bilhão de libras. As primeiras 500 mil libras de ações que comprei se transformaram em 26,4 milhões de libras, e minha participação total passou a valer 113 milhões de libras. As partes de Bert Black e do seu sócio-fundador passaram a valer mais de 200 milhões de libras, cada uma. Desde então, a Betfair continuou a crescer rápido. Embora não saibamos realmente o novo valor da Betfair, pois as ações não são cotadas na Bolsa de Valores, é bem provável que (bata na madeira!) seja muito maior do que o Softbank pagou. Como nós vendemos menos de um quarto de nossas ações, Bert e eu, com certeza, esperamos continuar sentados sobre um ativo que se valoriza rapidamente.

CAPÍTULO 7

O IMPULSO PARA O ESTRELATO

Aprenda apenas a agarrar a boa fortuna, pois ela está sempre à disposição.

Johann Wolfgang von Goethe

As minhas três outras empresas-estrela não nasceram dessa maneira. Elas se tornaram estrelas. "Atingiram o estrelato" ou "foram impulsionadas para o estrelato".

FILOFAX: DUAS VEZES UMA ESTRELA

Em 1910, aproximadamente, G. F. Parker, um engenheiro canadense, criou o nicho do organizador pessoal, criando a Lefax Inc., na Filadélfia.[6] Antes da Lefax, existiam diários e cadernetas de

6. Essa seção se baseia em grande parte na obra inédita de David Collischon, o criador do moderno sistema Filofax: David Collischon (2007), *No Flash in the Pan: The Story of Filofax 1975 to 1990.* David foi muito generoso em dispor do seu tempo e do seu conhecimento, respondendo a diversas questões sobre os primeiros dias do negócio. A interpretação da história da Filofax neste livro, no entanto, é de minha inteira responsabilidade, assim como são os erros que possam ter persistido.

endereços para a anotação de registros. Parker criou uma nova categoria: um sistema de fichário, com seis ganchos e folhas soltas, para a anotação de dados profissionais. Sua idéia era publicar planilhas de dados científicos, técnicos, médicos e afins, em formato de folha removível, incluindo agenda semanal em uma página. Ele criou cerca de 5 mil tipos diferentes de planilhas, mas não foi capaz de mantê-las atualizadas, e assim passou a fornecer planilhas de dados em branco para os usuários anotarem suas próprias informações. Parker logo teve um negócio-estrela de sucesso em suas mãos.

Foi quando, nos Estados Unidos, um oficial do exército britânico, chamado coronel Disney, viu e gostou do sistema da Lefax. Ele tinha alguns amigos que estavam no ramo da impressão na Inglaterra, e os convenceu a começar a fabricar os produtos da Lefax sob licença. A nova empresa, a Normal & Hill Limited, abriu suas portas em 1921. Grace Scurr, originalmente uma secretária temporária, que, como Disney, ficou fascinada com o sistema do organizador pessoal, logo passou a dirigir a Norman & Hill, a precursora da Filofax.

O sistema ganhou simpatizantes poderosos entre o clero e os oficiais do exército. Os profissionais que se deslocam muito, como médicos, arquitetos e vendedores, também se tornaram usuários aficionados. O negócio carecia de capital, e crescia apenas lentamente — era uma empresa do tipo vaca leiteira anã, em vez de uma empresa-estrela. Em 1928, Grace concebeu a Filofax como marca registrada, ainda que inicialmente apenas para artigos de papelaria (as planilhas soltas vendidas para serem usadas nos organizadores).

Em 1975, a Norman & Hill apresentou um movimento de vendas de apenas 22.600 libras. Então, David Collischon, um executivo médio do ramo editorial, entrou em cena. Ele era usuário do sistema da N&H desde 1959, e o considerava um conceito excelente, mas completamente subexplorado. Em 1975, David criou a Pocketfax, um serviço de reembolso postal para comercialização de produtos da Filofax. Pela primeira vez, ele forneceu um organizador "já pronto" (antes, os usuários tinham de comprar separadamente os fichários e uma seleção das planilhas desejadas), incluindo um fichário fino, uma agenda, um mapa do metrô de Londres, algumas folhas em várias cores, folhas de movimentação financeira, um porta-cartão de crédito (uma inovação de Collischon) e folhas de guarda.

Em quatro anos, o negócio-estrela de David, que começou com apenas quinhentas libras de capital, alcançou vendas quase duas vezes maiores que a N&H teve em 1975, e levou cinqüenta e quatro anos para atingir. Ele utilizou os lucros da Pocketfax para adquirir a Norman & Hill, em 1980, por 9 mil libras.

David mudou o conceito do produto de um artigo de papelaria para um produto da moda. Como ele mesmo me revelou:

— Em 1980, as agendas da Letts eram vendidas por 1,50 libra. Vendíamos a Filofax por 25 libras. Era impossível vender os dois produtos lado a lado; afinal de contas, na época, a Filofax era considerada apenas mais uma agenda, vendida sobretudo em papelarias antiquadas. Mas minha idéia era vender a Filofax em lojas de artigos de luxo, e também em uma quantidade muito maior de pontos-de-venda. A Filofax, ao lado de bolsas de couro vendidas por mais de cem libras, parecia barata. Logo estávamos vendendo na Harrods, Liberty, Browns, Harvey Nichols, Fortnum & Mason, Paul Smith, Selfridges e John Lewis, todos magazines de luxo. Depois de criar essa exclusividade e demanda nas lojas de artigos de luxo e na mídia, fomos capazes posteriormente de vender o mesmo produto em magazines mais populares sem causar danos à imagem glamourosa do produto.

Paul Smith, designer de moda, teve papel importante no crescimento da Filofax. Como David, ele era usuário da Filofax, e mais ou menos no mesmo tempo em que David criou a Pocketfax, Paul começou a expor a Filofax com destaque na sua loja de Covent Garden, em Londres. (Todos os produtos da loja eram brancos ou pretos. Uma Filofax preta foi exposta na vitrine, com uma caneta Mont Blanc ao lado.) No final de década de 1970 e início da de 1980, o negócio de Paul decolou internacionalmente. Em feiras de artigos de luxo européias, ele apresentava produtos da Filofax junto com seus próprios artigos.

O estímulo de Paul foi importante para introduzir a Filofax no mercado de acessórios de luxo da Europa continental, do Japão e da Califórnia. A Filofax desenvolveu uma rede internacional de representantes; na França, Alemanha, Bélgica, Suíça, Holanda, Itália e Austrália, todos eles procediam do ramo de artigos de vestuário. O sucesso em magazines de prestígio fora do Reino Unido foi importante para posicionar a Filofax no mercado de luxo britânico. Isso, por sua vez, ajudou a introduzir a marca em lojas norte-americanas de alto nível, como Saks, Bloomingdale's e Neiman Marcus.

Quase em todos os lugares do mundo, a Filofax tornou-se um produto desejado da década de 1980, e um negócio-estrela muito lucrativo. De 1975 até 1987, quando lançou papéis negociáveis, as vendas cresceram 589 vezes, com crescimento superior a 40% ao ano. As quinhentas libras originalmente investidas por David converteram-se em 17,2 milhões de libras, um aumento de mais de 34 mil vezes. Um ano após o lançamento dos papéis negociáveis, o valor da Filofax mais que dobrou mais uma vez. A Filofax tornou-se a fornecedora-líder de organizadores pessoais — um nicho em rápido crescimento — em todos os lugares do mundo, exceto nos Estados Unidos. O único problema era acompanhar a demanda.

Em seguida, veio a queda, e minha oportunidade surgiu. A partir de 1988, as vendas da Filofax despencaram, e a empresa passou de lucros estelares para prejuízos crescentes. Em 1990, a

Filofax perdia 2 milhões de libras por ano. Quando conversei com David Collischon, ele me explicou que o problema era "o fim dos *yuppies*" depois do colapso das Bolsas de Valores, em 1987. Minha pesquisa de mercado revelou que o motivo era outro. A Filofax tinha perdido participação de mercado, e seu *status* de estrela estava em risco. O mercado de organizadores pessoais ainda se achava em grande crescimento, mas, em seu mercado original, a Filofax tinha sido derrotada pela Microfile, uma pequena empresa, que vendia organizadores parecidos para lojas de departamento populares por menos da metade do preço da Filofax. No Reino Unido, a Microfile estava tirando o *status* de estrela da Filofax, e tinha se tornado quase tão grande quanto a Filofax em termos de valor e muito maior em termos de quantidade de organizadores vendidos.

Será que a Filofax poderia dar a volta por cima, recuperando sua posição de estrela no mercado de organizadores pessoais? Sentado em uma espreguiçadeira, em uma cobertura de Brighton, concluí que era possível.

A Microfile era rentável, tendo um retorno de 10% sobre as vendas. A Microfile estava vendendo organizadores pela metade do preço da Filofax. A Filofax vinha perdendo participação de mercado, pois parecia absurdamente cara, ao menos nas lojas populares, que agora abrangiam a maior parte do mercado de organizadores pessoais. No entanto, os lojistas com quem conversei disseram que achavam que a Filofax, pelo seu histórico, podia cobrar um preço um pouco maior, talvez 15% mais do que o organizador pessoal da Microfile.

Portanto, cheguei à conclusão de que a Filofax tinha um grande problema de custo, que também era uma oportunidade. Se a Microfile era capaz de vender organizadores pela metade do preço da Filofax, e ainda assim ganhar dinheiro, então a Filofax também podia. Se a Filofax conseguisse fabricar seu produto pelo mesmo custo da Microfile, e pudesse vender seus organizadores 15% (em vez de 100%) acima do preço da sua concorrente, então a Filofax seria capaz de recuperar sua participação de mercado e teria um retorno sobre as vendas superior a 25% (os 10% obtidos pela Microfile mais os 15% sugeridos pelos lojistas). A Filofax então voltaria a ser um negócio-estrela, e muito valioso.

Em 1990, ninguém queria saber de comprar a Filofax ou investir na empresa. Todos enxergavam um navio afundando, uma moda que já tinha passado, um negócio prestes a ir à bancarrota. Eu, ao contrário, vi um negócio-estrela, que poderia voltar a ganhar muito dinheiro. Acreditei no conceito-estrela. Não sabia como ressuscitar a Filofax, sabia apenas que era possível. Sendo assim, organizamos um direito de preferência na subscrição das ações e começamos a comprar os papéis quando eles não estavam valendo nada. David Collischon colaborou inteiramente, concordando em vender grande parte de sua participação e se afastar da sua função executiva, embora permanecendo como presidente não-executivo.

Também violei as regras associadas ao capital de risco, colocando como novo presidente executivo um amigo e ex-consultor da LEK, Robin Field, que não tinha experiência no ramo da Filofax (veremos o caso da LEK Consulting a seguir). Eu disse a Field que a missão dele era reconverter a Filofax em uma empresa-estrela e cortar custos. Além disso, não tinha outra idéia do que fazer. Robin descobriu que a linha de produtos tinha se ampliado além de todo o controle.

— O mesmo fichário básico — ele explicou — estava disponível em uma variedade espantosa de tamanhos e revestimentos, sobretudo exóticos, como pele de cobra *karung*. A Filofax havia encomendado encartes especializados, possuía dezenas de milhares impressos guardados no depósito. O resultado, claro, era, além de uma quantidade enorme de estoque inútil e de um ônus administrativo de grande complexidade, uma confusão total entre nossos clientes.

Robin reduziu os tipos de capas de 200 para 75, cortou o catálogo de produtos e introduziu uma nova linha completa de Filofaxes mais baratos. Em um ano, 85% dos organizadores pessoais vendidos eram modelos novos, a Filofax tinha superado a Microfile e recuperado seu *status* de empresa-estrela, e o negócio voltou a ser muito lucrativo. Em 1998, vendemos a Filofax por sete vezes o preço pelo qual tínhamos adquirido suas ações.

O caso da Filofax é interessante, porque ela se tornou uma empresa-estrela duas vezes; primeiro por obra de David Collischon, e depois pela gestão de Robin Field e minha. David assumiu uma vaca leiteira minúscula e a transformou em um negócio-estrela. No final da década de 1980, a Filofax perdeu participação de mercado de modo muito rápido, com as vendas despencando verticalmente, enquanto o ramo dos organizadores pessoais continuava crescendo mais de 10% ao ano. A empresa estava no caminho de se tornar um negócio do tipo ponto de interrogação — e é quase certo que iria falir — antes da segunda virada. Há três *insights* presentes nesse caso.

★ *Uma empresa do tipo vaca leiteira pode virar uma empresa-estrela* quando o conceito da categoria do produto é transformado. A visão de David a respeito dos organizadores pessoais como acessório de luxo reinventou todo o mercado.
★ *Os conceitos do produto evoluem.* A idéia de organizadores pessoais como acessórios de luxo dispendiosos durou menos de uma década. A concorrência não pode ser ignorada, sobretudo quando modifica o conceito do produto. Como os organizadores pessoais semelhantes à Filofax passaram a ser produzidos pela concorrência por um custo muito mais baixo, desenvolveu-se um mercado de massa, que, no final das contas, subverteu a idéia do organizador pessoal como acessório de luxo. Quando a concorrência começou a

vender um produto similar pela metade do preço, as vendas da Filofax despencaram. O único caminho de volta para o estrelato lucrativo seria aceitar a nova definição da categoria do produto e vencer os rivais em seu próprio jogo. Robin e eu nunca consideramos a visão de David a respeito da Filofax como sendo única. Nós aceitamos os organizadores pessoais como produto de massa, com uma função utilitária em vez de decorativa. Se tivéssemos compartilhado a visão de David, nunca teríamos conseguido recuperar a Filofax. Focalizamos a recuperação da liderança no mercado, tal como ele foi definido pela concorrência.

★ *Uma empresa-estrela que está perdendo rapidamente participação de mercado, ou uma ex-empresa-estrela que já perdeu, pode ser uma perspectiva atraente.* Ninguém quer uma estrela que está se apagando ou que já se apagou. Com a estratégia correta, no entanto, as ex-empresas-estrela podem algumas vezes recuperar sua grandeza. Elas podem ser baratíssimas. Uma boa fonte de empresas-estrela é uma ex-empresa-estrela.

Plymouth Gin: como "atingir o estrelato"

A Plymouth Gin é a mais antiga destilaria de gim da Inglaterra. A destilaria fica em um antigo mosteiro dominicano, construído por volta de 1431, e funciona desde 1793. Se você observar através de uma garrafa do gim Plymouth, poderá ver um monge no verso do rótulo posterior. O rótulo frontal representa o *Mayflower*. Em 16 de setembro de 1620, os primeiros colonos puritanos ingleses partiram para a América, no *Mayflower*, hospedando-se antes por duas semanas no antigo mosteiro, na ocasião a casa de culto da cidade de Plymouth.

Outrora, a Plymouth Gin foi uma empresa-estrela. O gim Plymouth só pode ser produzido em Plymouth, enquanto o London Gin pode ser destilado em qualquer lugar. Como única destilaria em Plymouth, a marca desfrutou efetivamente de um monopólio, reforçado pelo seu sabor frutado inconfundível por meio do uso de "plantas" como aromatizantes. Até a década de 1920, o Plymouth era o gim inglês de qualidade mais vendido e, em geral, era reconhecido pelos especialistas como o melhor.

Em 1996, no entanto, o gim Plymouth estava quase morto. Tinha sido propositalmente arruinado pelo seu proprietário, a Allied Domecq, para evitar a competição contra o gim Beefeater, o gim-líder, também de propriedade da Allied.

Dois sócios e eu adquirimos a destilaria e a marca Plymouth, e começamos a revitalizar o produto quase sem capital, com um investimento total de aproximadamente 1,5 milhão de libras. Nossa tese era que o mercado de gim de qualidade estava voltando a crescer cerca de 10% ao ano, e que o gim Plymouth, com sua marca de respeito e sabor inconfundível, poderia recuperar sua posição de liderança, ao menos no Reino Unido.

Fomos atraídos pelo mercado do gim pela ausência de outros interessados. O mercado de vodca vinha passando por um grande renascimento, com muitas empresas novas e diversas inovações. No final da década de 1990, havia cerca de cem lançamentos importantes de novas vodcas ou variantes à base de vodca, cada um apoiado por investimentos multimilionários. A desconsideração em relação ao mercado do gim, que era maciço, tornou a aquisição, por um preço muito baixo, atraente para nós, desde que pudéssemos promover alguma agitação em relação ao produto. O gim Plymouth poderia nos dar um bom lucro se conseguíssemos recuperar para ele certa liderança do nicho. Havia apenas quatro marcas de gim de qualidade no mundo — Gordon's, Beefeater, Tanqueray e Bombay Sapphire —, e, com exceção da última, as outras três eram marcas, sentíamos, um tanto antiquadas.

Inicialmente, avançamos pouco, pois não podíamos arcar com custos de propaganda. Desse modo, estimulamos a nova administração a utilizar empresas de relações públicas como maneira de promover de novo notícias sobre a marca. No entanto, as previsões iniciais de vendas não foram alcançadas, e tivemos de dispensar dois presidentes executivos em rápida sucessão. Um dos meus sócios era John Murphy, ex-presidente da Interbrand, uma consultoria de marcas de consumo muito respeitada. Mesmo nas nossas horas mais sombrias, John, que virou o presidente não-executivo da Plymouth, tinha certeza de que a marca poderia recuperar sua posição de liderança no mercado de gim de qualidade. Apeguei-me ao meu mantra: foi um negócio-estrela antes e pode voltar a ser. No entanto, os números não eram nada bons. No primeiro ano, as vendas foram desastrosas, insignificantes 4.500 caixas. Nosso capital encolheu para 150 mil libras, e os três sócios tiveram de oferecer garantias pessoais para manter o negócio funcionando.

Porém, as coisas começaram a mudar quando contratamos um novo presidente executivo, Charles Rolls, que era um bom amigo de um amigo meu. Ao escolher Charles, quebramos quatro regras básicas associadas ao capital de risco: contratamos uma pessoa sem experiência na indústria de bebidas, sem experiência anterior como presidente executivo, que pertencia a nosso círculo social e que era um ex-consultor (da Bain & Company). Contratamos Charles porque sabíamos que ele entendia de estratégia, porque achamos que seria excelente como relações-públicas e por causa da sua determinação de novamente converter a Plymouth Gin em um negócio-estrela. Tornamos Charles sócio da empresa, com a mesma participação de nós três.

Charles foi um terceiro presidente executivo afortunado. Com John Murphy, ele conseguiu muita propaganda gratuita para a marca, e as vendas, embora ainda pequenas, começaram a crescer. Nós sabíamos que, para gerar notícias e recuperar a liderança, precisaríamos diferenciar a marca das outras marcas de gim de qualidade. Para isso, utilizamos a rica história do gim Plymouth para retratá-lo como uma bebida especial e desenterramos fatos obscuros a respeito do seu passado para abastecer os jornalistas. No entanto, apesar do nosso discurso sobre qualidade e autenticidade, carecíamos de toda e qualquer diferenciação tangível em relação ao produto. Apenas uma cadeia de supermercados — e uma das mais populares (Asda) — passou a comercializar nosso gim.

Após muitas conversas com Sean Harrison, o destilador-chefe da Plymouth, Charles se convenceu de que poderia diferenciar o gim aumentando seu teor alcoólico. Como Sean explicou, são os óleos essenciais do gim que produzem seu cheiro e sabor. Os óleos são mantidos no líquido pelo álcool. Os gins de teor alcoólico mais alto possuem mais sabor. Os aficionados de gim, bem viajados e sofisticados, apreciam a diferença entre o gim de alto grau alcoólico vendido em lojas livres de impostos de aeroportos e o gim de grau inferior da mesma marca. O único problema com o aumento do teor alcoólico — e se trata de um grande problema — era o custo em taxas. Recentemente, a Gordon's adotou outro caminho em relação ao seu gim, cortando o grau de 40% para 37,5% de álcool, obtendo um grande lucro extra como resultado.

Charles achou alguns papéis antigos no sótão da destilaria, que remontavam ao início do século XX, revelando que o gim Plymouth tinha então 45,2% de grau alcoólico. Voltar àquele teor seria proibitivamente caro. Seja como for, Charles inventou o número 41,2%. Ao aumentar o grau alcoólico do gim Plymouth de 40% para 41,2%, o sabor melhoraria e o teor alcoólico seria maior que o dos outros três concorrentes.[7] Nós decidimos divulgar com

7. O gim Tanqueray manteve corajosamente seu grau alcoólico em 47%, apesar da grande taxa adicional a pagar. Assim, no Reino Unido, devido aos seus altos impostos, o Tanqueray custava muito caro e era muito pouco vendido. O fabricante do Tanqueray também não se esforçou muito para divulgar os benefícios do teor alcoólico mais alto.

alarde nosso maior teor alcoólico. Designamos esse atributo como "a força vitoriana", relembrando os grandes dias do império britânico e do gim Plymouth. Charles e John redesenharam a garrafa, tornando-a semelhante a uma garrafa vitoriana, colocaram uma rolha de cortiça para fechá-la e promoveram a idéia de que, quando os pés do monge estivessem ficando secos, era o momento de comprar outra garrafa de Plymouth.

A estratégia começou a funcionar. Então, fomos bafejados pelo destino; impossível dizer se foi por causa da nossa nova estratégia ou devido à mais pura sorte. Em certa tarde de 1997, recebemos uma ligação da BBC TV, pedindo que assistíssemos ao programa *Food and Drink* daquele dia. Vimos então Jilly Goulden anunciar para sua audiência de 5 milhões de telespectadores o resultado de uma pesquisa de provadores independentes de gim. Ela declarou o Plymouth o melhor gim do mercado. Jilly também criticou o produtor do Gordon's por baixar discretamente o teor alcoólico do seu gim.

A resposta foi instantânea. Em dias, estávamos nas prateleiras dos principais supermercados do Reino Unido. Em quatro anos, nossas vendas cresceram 17 vezes, e o Plymouth tornou-se o líder do mercado de gim de alta qualidade. Em 2000, para internacionalizar a marca, vendemos metade da destilaria para Vin & Sprit, proprietária da vodca Absolut, por um valor total próximo de 30 milhões de libras. A V&S relançou o Plymouth em todo o mundo, principalmente nos Estados Unidos. Em 2002, vendi o restante das minhas ações, ganhando 12 vezes o meu investimento inicial.

Três aspectos dessa história se destacam.

1. O trabalho de relações públicas só funcionará se houver um conteúdo de realidade por trás. A recuperação da liderança requer diferenciação real e valor agregado para o consumidor. É inútil *declarar* que você é o melhor: você tem de *provar* que é diferente, e a diferença precisa ser atraente.

Levou algum tempo para percebermos isso. Se demorássemos mais um pouco, teríamos ido à falência.

2. Não é tão incomum quanto você pensa encontrar uma brecha no mercado — mesmo em um mercado tão grande e lucrativo como o de gim. Procure uma brecha, e, mais cedo ou mais tarde, você vai encontrar uma.

   John Murphy começou a investigar outra brecha de mercado, dessa vez no segmento de cervejas. A Grã-Bretanha possui a quarta maior indústria cervejeira do mundo, e também tem cervejas muito diferentes — *ales, porters, stouts* e frutadas — com grande apelo mundial. No entanto, até recentemente, as cervejarias britânicas exportavam muito pouco. Então, John criou a St Peter's Brewery como marca internacional de cerveja britânica. Seu novo empreendimento de risco do tipo estrela passou a crescer 40% por ano. Outra curiosa brecha que aparentemente não existia, mas que foi encontrada.

   Charles Rolls também descobriu outra brecha depois da experiência com o gim Plymouth, do mesmo modo com base em um sabor superior. Seu novo negócio-estrela, a Fever-Tree, criou um nicho no grande, mas estagnado mercado de bebidas não-alcoólicas com "misturas", dominado mundialmente pela Schweppes. A Fever-Tree fornece os ingredientes naturais mais finos possíveis, e assim suas misturas complementam bebidas não alcoólicas sofisticadas. Apesar dos preços mais altos, a Fever-Tree já mostrou que os aficionados desse tipo de bebida pagarão um extra pelos produtos mais sofisticados. O custo extra constitui uma pequena proporção do custo total, e cria uma diferença real em relação ao sabor.

3. O *timing* é tudo. Nós fomos a primeira marca "nova" a desafiar os líderes já existentes, e convertemos o grau alcoólico

do gim no nosso atributo principal de venda. Poucos anos depois, muitas novas marcas de gim surgiram no mercado, quase todas com algum teor alcoólico diferente e relativamente elevado. Quando todos passam a disputar o mesmo jogo, a vantagem desaparece. Para ter uma boa chance de criar uma empresa-estrela, você, além de ser o primeiro no nicho que cria, também tem de ser o primeiro a apresentar o principal benefício ao consumidor.

A consultoria LEK: a imitação impede a singularidade

É comum eu ser considerado um dos fundadores da LEK, criada em 1983, ainda que, na realidade, tenha me associado apenas três meses após a sua empresa predecessora, a Lawrence and Evans, ter iniciado suas atividades. Parece que tenho o hábito de chegar à festa algum tempo após o seu início. Mas que festa fizemos na LEK!

Para mim, a alegria durou seis anos, que foram, sem dúvida, os mais importantes da minha vida. Nem sempre os mais felizes. Certamente, não os mais fáceis, nem os mais livres de estresse. No entanto, sem sombra de dúvida, foram os anos em que mais cresci, mais me desenvolvi, consolidei as amizades profissionais mais intensas e aprendi o máximo. E ganhei alguns milhões, que foram se multiplicando mais tarde.

Foi fácil dar início à LEK. Aliás, esta pode ser uma boa idéia para você: começar como empreendedor fazendo o que você já fazia, mas em seu próprio negócio de risco. Jim Lawrence, Iain Evans e eu tínhamos mais de 30 anos, e éramos consultores. Trabalhamos em um setor específico, mas muito lucrativo e em rápido crescimento, designado "consultoria estratégica". Em geral, isso significa dizer aos dirigentes das quinhentas maiores empresas do mundo onde focalizar suas iniciativas — resposta trivial: nas suas estrelas — e como superar seus concorrentes. Nós sabíamos como manejar esse negócio e administrar equipes grandes de jovens impetuosos, que fizeram MBA (*masters of business administration*) ou se formaram nas mais renomadas universidades do mundo. Sabíamos como vender para presidentes executivos de grandes companhias.

Nós tínhamos tanta confiança de que éramos bons em consultoria estratégica que, talvez um tanto ingenuamente, não vimos motivo para não fazermos para nós mesmos aquilo que vínhamos fazendo em benefício dos outros.

A maneira pela qual viramos empreendedores foi clássica. Metade ou mais dos novos empreendimentos de risco começa da mesma maneira. Digamos que uma pessoa é boa como motorista de táxi, médico, panificador, chef, barman, inventor do transistor, gerente de relações públicas, corretor de ações, o que quer que seja. Então, em vez de continuar fazendo isso para os outros, resolve começar a fazer isso para ela mesma.

Essa rota "fácil" para um novo empreendimento de risco também conduz a rudes despertares. Se você dá início a um novo negócio com uma fórmula totalmente nova, tenderá a se sentir humilde e não se surpreenderá no momento em que encontrar águas agitadas. Se você começar um negócio fazendo o que fazia antes — sendo que o negócio anterior gerava muito dinheiro —, terá a expectativa de alcançar o mesmo êxito.

Em geral, isso é um equívoco, e contraria uma das mais básicas e indesejáveis leis da estratégia. Para ter sucesso, um empreendimento de risco tem de fazer algo diferente. Tem de ser líder. E, para *realmente* ser bem-sucedido, é necessário criar um negócio-estrela — não ser apenas o primeiro em um nicho, mas também o primeiro em um nicho em grande crescimento.

Na LEK, nós contrariamos essa imutável lei da estratégia.

Nosso trunfo de reserva, acreditávamos, era a única fórmula empresarial que conhecíamos: a fórmula da Bain & Company. Bill Bain tinha em mente que seus consultores poderiam alcançar melhores resultados se trabalhassem em um relacionamento de longo prazo, com uma quantidade menor de clientes. Os termos de compromisso fixados no início do relacionamento eram bem diferentes daqueles presentes no relacionamento entre qualquer outra empresa de consultoria e seus clientes. O discurso de venda do sócio da consultoria responsável pela venda do relacionamento seguiria mais ou menos a linha da Bain & Company.

— Se formos trabalhar com sua empresa — o sócio da consultoria diria para o presidente executivo do possível cliente —, nós nos comprometemos a não trabalhar com nenhum dos seus concorrentes. Isso significa que nos dedicaremos a tornar sua companhia a mais bem-sucedida do setor. Quaisquer segredos que nos forem revelados ficarão totalmente seguros. Em troca de não trabalharmos com seus concorrentes, esperamos que sua empresa faça o mesmo e não trabalhe com nenhum dos nossos concorrentes. Também esperamos que sua empresa não imponha nenhum limite arbitrário a respeito da quantidade de trabalho que fazemos. Se propusermos novos projetos de consultoria, que apresentam um alto retorno sobre o investimento, esperaremos que sua companhia concorde com eles, a não ser que discorde da nossa avaliação sobre os benefícios a serem alcançados a partir do nosso desempenho.

Como vocês podem ver, era um discurso de venda difícil. No entanto, a abordagem de Bain funcionava com muitos clientes, sobretudo quando um novo presidente executivo era contratado no mercado. Bain e o presidente executivo formavam uma dupla para melhorar o desempenho da organização. Em geral, os presidentes executivos adquiriam os serviços de Bain com base nas recomendações de outros clientes. Bain tendia a trabalhar com presidentes executivos muito ambiciosos, contratados por empresas robustas e felizes, onde havia muito espaço para melhoria do desempenho, vendendo divisões sem importância e cortando custos em toda a empresa.

A mágica da fórmula da Bain & Company era que ela ganhava uma concessão exclusiva de consultoria com cada cliente. Não apenas isso, mas Bain podia aumentar a quantidade de consultores e o faturamento em relação a cada cliente ao longo do tempo, aumentando assim sua presença dentro da empresa de cada cliente. Cada cliente, portanto, virava um nicho de mercado distinto, que podia crescer rapidamente, em níveis elevados. Cada cliente se transformava em um empreendimento-estrela para Bain, e uma estrela do melhor tipo: um monopólio em rápido crescimento, que era extremamente lucrativo e gerador de caixa.

Nós queríamos que a LEK fosse igual à Bain. Planejamos levar um cliente, onde tínhamos um bom relacionamento com o presidente executivo, da Bain para a LEK. Isso nos proporcionaria uma base imediata de trabalho muito lucrativo. Em seguida, simplesmente continuaríamos a oferecer um serviço semelhante ao da Bain, em especial para empresas de setores onde a Bain trabalhava para a companhia concorrente. Assim, a Bain não poderia competir conosco.

Havia um problema, no entanto. A Bain & Company tinha outro ponto de vista. Eles não queriam perder nenhum dos seus clientes, mesmo quando o presidente executivo do cliente queria trabalhar conosco. Sobretudo, a Bain não queria que nenhum dos seus associados desertasse. Desse modo, a Bain moveu uma ação judicial contra nossa nascente empresa, impedindo-nos de levar o cliente que queríamos, privando-nos de receitas, causando-nos despesas legais enormes, que eram uma gota no oceano para a Bain, mas potencialmente devastadoras para nós. Pior de tudo, comprometemos nosso tempo na defesa contra a ação judicial e não pudemos nos dedicar ao trabalho de procurar novos clientes.

O litígio nos deixou deprimidos e dispersos. Parecia a pior coisa que poderia ter nos acontecido. Entretanto, na realidade, foi a melhor. Devemos à Bain um grande muito obrigado por nos processar judicialmente. Com essa atitude, eles nos forçaram a procurar nossa própria fórmula. Se você abriu um negócio, ou está pensando em fazer isso, essa talvez também seja a lição mais importante que receberá.

Os ecologistas sabem que duas espécies de animais que tentam viver exatamente da mesma maneira se tornam inimigas mortais. Se as duas competirem por um mesmo alimento, apenas uma delas poderá vencer. Assim, a espécie mais fraca precisará trocar de alimento ou mudar a maneira de caçá-lo. Se não fizer isso, ela desaparecerá.

O mesmo acontece no mundo dos negócios, exceto que o prazo para extinção é bem menor. Qualquer empresa que imita outra servilmente não será bem-sucedida. Os números revelam isso. A empresa competirá no mesmo mercado da empresa-líder daquele mercado. Ela será menor e menos atraente para os clientes. Será menos lucrativa e, em geral, perderá dinheiro. Assim, terá de fazer alguma coisa diferente, ou desaparecerá.

Se o nosso plano tivesse dado certo, a LEK acabaria como uma imitação pálida e menor da Bain & Company; nós nunca poderíamos ter tido um negócio-estrela. Felizmente, não conseguimos fazer a fórmula funcionar. Mais tarde, quando já tínhamos muitos associados jovens e inexperientes, acabamos nos metendo sem querer na venda de produtos como "análise da concorrência" e "posição de custo relativo".

Neste momento, revelarei uma conversa que tive com um amigo, quase três anos depois da criação da LEK, em um jantar na minha casa, em Bayswater.

— Você deve estar satisfeito — ele disse — com o andamento de tudo.

— Bem — respondi —, já vendemos muitos negócios lucrativos, mas continuo me perguntando até quando isso vai durar. Veja bem, somos consultores de estratégia, mas não temos uma boa estratégia para nossa própria empresa. Bem, o que importa? Sempre estaremos à procura de algo para vender, e essa coisa de custo-posição está vendendo aos montes. Se isso não durar, pensaremos em algo. Porém, o que diríamos a um cliente que estivesse em nosso lugar? Que ele precisa de uma posição coerente, um nicho de mercado baseado em um tipo específico de consumidor, no qual ele é o melhor no atendimento ao cliente, com certos produtos claramente definidos. Diríamos que ele deve procurar um mercado em rápida expansão que possa dominar. E que se ele não conseguir alcançar uma posição-estrela, não será capaz de crescer rentavelmente no futuro.

Foi quando me dei conta de que nunca tinha formulado uma estratégia para a LEK.

Então, o desastre aconteceu. Na ocasião, acho que tínhamos seis ou sete clientes, e em poucos meses, quatro deles foram atacados por ofertas de aquisição hostis. Na época, tínhamos diversas bocas para alimentar. Sabíamos que cada cliente que fosse captado por outra empresa se tornaria um ex-cliente. Portanto, claro, ficamos muito preocupados.

Foi quando tivemos um lampejo: poderíamos empregar nossa capacidade em análise da concorrência para ajudar a defender nossos clientes. Naquele momento, a maioria das ofertas hostis não envolvia dinheiro vivo, mas sim ações do proponente. E se virássemos nossa análise da concorrência contra os proponentes? Na certa, poderíamos achar algum ponto fraco em seu arsenal. Talvez conseguíssemos persuadir os acionistas do nosso cliente a rejeitar as ações do proponente.

O nosso maior cliente era o Imperial Group, sob o cerco da Hanson. O Imperial era um conglomerado inglês robusto e feliz, atuando nos setores de cigarros, alimentos, bebidas, hotéis e restaurantes. A Hanson era uma máquina de aquisição enxuta e ambiciosa, e queridinha do mercado de ações, que utilizava seus papéis supervalorizados para comprar empresas, cortar custos e gerar caixa para ofertas hostis ainda mais ambiciosas. A Hanson ofereceu aos acionistas do Imperial Group um ágio considerável em relação ao preço prévio da ação, e ainda foi capaz de mostrar que a aquisição aumentaria os ganhos da Hanson por ação. O caso do Imperial parecia sem esperanças.

O meu sócio Iain Evans então jogou a força total da análise da concorrência da LEK contra a Hanson. Com brilho forense, ele provou claramente que o avanço futuro da Hanson dependia de três condições básicas:

1. A Hanson necessitava de aquisições cada vez maiores para alimentar seu crescimento. Com o apetite crescente da Hanson, o tamanho das vítimas necessário para alimentá-la também crescia. Mesmo se a Hanson absorvesse os maiores alvos possíveis do mercado acionário do Reino Unido, não haveria mais nenhuma grande presa em cinco anos.
2. Se a Hanson continuasse a oferecer ágios consideráveis em suas ofertas hostis, suas ações precisariam se manter mais valorizadas — o valor das ações em relação aos ganhos — do que as das empresas-alvo.
3. E o que era o mais danoso: Iain mostrou que, após adquirir uma empresa, a Hanson tendia a aumentar o preço dos seus produtos. Isso imediatamente aumentava os lucros, mas à custa de participação de mercado. Portanto, a tendência futura de vendas e lucros era declinante. Ninguém era capaz de prever o que aconteceria se a Hampton continuasse a fazer aquisições cada vez maiores, que produziam ganhos imediatos adicionais.

De acordo com Iain, no momento em que o mercado acionário compreendesse esse padrão, perceberia que o crescimento dos ganhos futuros da Hanson não poderia durar. No fim, a alta valorização das ações da Hanson em relação aos lucros cairia verticalmente. Então, a Hanson seria incapaz de fazer novas aquisições, e sua participação de mercado e seus lucros declinariam. A desaceleração do crescimento do lucro — e os possíveis declínios futuros — desvalorizaria ainda mais as ações da Hanson.

Contudo, essa análise brilhante não salvou o Imperial Group. A reputação da Hanson era muito alta, e o ataque dos consultores do Imperial contra a Hanson carecia de credibilidade. No entanto, nem tudo foi em vão. A defesa forçou a Hanson a elevar muito sua oferta, e os acionistas do Imperial Group obtiveram 1 bilhão de libras além do ágio previamente oferecido. A longo prazo, as previsões de Iain se confirmaram. À medida que pouco a pouco a análise da LEK a respeito do aumento dos ganhos da Hanson ganhava aceitação, a Hanson passava de uma classificação de mercado acima da média para uma abaixo da média.

O trabalho de defesa também ajudou a LEK. Embora tendo perdido o Imperial Group como cliente, tivemos um sucesso financeiro espetacular nos últimos meses de trabalho. Os executivos do Imperial obtiveram os melhores resultados, não apenas para talvez tentar salvar seus empregos, mas também forçando uma oferta maior por parte da Hanson. A defesa do Imperial Group e de outros clientes também fixou a reputação da LEK nos bancos de investimento. Tivemos diversos outros casos de defesa de alto perfil nos anos que se seguiram.

E o melhor de tudo, a roda do infortúnio ofereceu à LEK uma nova estratégia. Sem perceber, nós tínhamos criado uma nova categoria-estrela: a análise estratégica de aquisições. E não apenas para defender empresas de ofertas hostis, mas também para agir em favor das empresas compradoras, analisando possíveis alvos e demonstrando se poderiam ser aquisições lucrativas.

A estratégia não era perfeita. Um problema envolvia a inconsistência intelectual. Sabíamos que nossos melhores clientes para análise de aquisições eram as empresas que estavam menos adaptadas a fazer aquisições: isto é, cliente de fora do setor-alvo. As aquisições mais seguras e geralmente mais bem-sucedidas são aquelas que estão "próximas" do proponente, alvos do mesmo ramo de negócios, em que o espaço para "sinergia" é maior. "Sinergia" é um rótulo glamouroso para elevar preços ou cortar custos, pois se elimina uma empresa concorrente. As aquisições de concorrentes próximos representam riscos menores que adquirir empresas de setores diferentes, pois há mais "sinergia" e porque os executivos do adquirente conhecem o negócio, podem gerir a empresa-alvo e é menos provável que tomem decisões erradas depois de ganhar o controle.

O dilema da LEK era que os possíveis clientes não desejavam análises de concorrentes próximos, que eles compreendiam. Eles queriam análises de empresas-alvo de outros setores, sobre as quais conheciam muito pouco. Em geral, essas eram aquisições ruins.

O outro problema relativo ao foco em trabalho envolvendo ofertas hostis era sua qualidade cíclica. A febre das aquisições ia e vinha. À medida que o tempo avançava, aquisições não relacionadas, que eram nosso ganha-pão, caíam em desgraça. Por esse motivo, sempre hesitamos em arriscar tudo no trabalho de aquisições. De acordo com os colegas, a "estratégia pura", não relacionada com aquisições hostis, sempre abrangeria metade do nosso negócio.

Demorou um pouco para percebermos que havia outros tipos de clientes para análise de aquisições que não eram cíclicos, mas cujo número estava sempre crescendo. Era a indústria de *private-equity*; isto é, pessoas que investem em empresas não registradas em Bolsa (empresas de capital fechado). Há algumas décadas, *private-equity* costumava ser sinônimo de "capital de risco" —

financiadores de novos ou jovens negócios, como os seus ou os meus. No entanto, como os fundos tendiam cada vez mais para o *private-equity* por causa dos melhores retornos, seus investidores passaram a investir em empresas cada vez maiores, incluindo aquelas que se retiravam da Bolsa de Valores e fechavam o capital, rejuvenesciam, e muitas vezes voltavam a apresentar grandes lucros. Rapidamente, a LEK tornou-se a líder na análise de negócios para empresas de *private-equity* do Reino Unido.

O "DNA" da LEK — sua característica essencial e distintiva — ajustou-se muito bem às necessidades das empresas de *private-equity*. O que essas empresas pretendiam era uma análise rápida para avaliar se o negócio funcionaria — nada de "abobrinhas" elegantes ou opiniões estratégicas, nada de números e investigação acurada —, e queriam isso em uma semana. Rapidez, habilidades quantitativas aguçadas, busca de dados inflexível e perícia forense para extrair a essência de números obscuros: esses eram os pontos fortes da LEK. A análise para empresas de *private-equity* era a área de competência da LEK.

Depois de quatro anos e uma busca ziguezagueante, a LEK, enfim, ganhou impulso para o estrelato. Podemos tirar cinco lições da odisséia da LEK.

1. A imitação, mesmo de uma empresa muito lucrativa e sagaz, não gerará um negócio-estrela. Há apenas duas exceções. Uma envolve a geografia: uma empresa pode ser imitada em um novo país ou região onde ela não está presente. Além disso, às vezes, a vantagem de ser a primeira e as diferenças de preferências do mercado local podem levar o imitador a uma posição-estrela, que pode ser defendida mesmo contra a empresa imitada. A outra exceção é quando o imitador possui mais capital ou uma abordagem *muito* melhor que a empresa imitada.

2. Até pessoas que acham que são muito espertas e experientes em um mercado específico podem se perder na estratégia: mesmo se são "especialistas em estratégia!" É sempre mais fácil planejar uma grande estratégia para alguma outra pessoa. O conhecimento e a confiança podem cegar. É muitíssimo difícil para alguém dentro de um mercado gerar uma inovação fundamental. Em geral, os melhores inovadores vêm de fora do mercado da corrente dominante. Essa é uma ótima notícia para os candidatos a empreendedor.
3. A religião bem-sucedida do inovador é *ser diferente*. Tão diferente quanto possível, mas compatível com a necessidade de produzir de maneira economicamente sensata: fazer o que agrada o cliente, mas sem gastar muito com isso; e não fazer nada que, além de custar caro, não terá muito apelo para o cliente.
4. O desastre pode se transformar em um resultado agradável se você experimentar o suficiente e escutar o que o mercado está lhe dizendo.
5. Se você ainda não tem um negócio-estrela, não significa que não poderá vir a ter no futuro. Onde há vida, onde há dinheiro suficiente para pagar as contas, onde há disposição para se fazer algo diferente, há esperança.

Conclusão

Não é necessário nascer estrela. Você pode alcançar o estrelato. No entanto, você só se tornará uma estrela se tiver esse objetivo. Se perceber a importância do grande crescimento do mercado e da liderança do nicho, e quando buscar abordagens diferentes. Você apenas se tornará uma estrela se compreender o que o mercado — por meio dos seus altos e baixos — está lhe comunicando. Se você for ambicioso e ousado, e compreender o princípio-estrela, as chances de transformar seu empreendimento em um negócio-estrela serão surpreendentemente boas. (O Capítulo 14 fornece sugestões mais específicas sobre como "Tornar-se uma estrela".)

Quer seu empreendimento já nasça estrela ou se transforme em estrela depois, existe um caminho comum que todas as estrelas trilharam. Fazendo a engenharia reversa dessa abordagem — retrocedendo da situação de sucesso para o quadro comum do qual a estrela foi construída —, poderá ser mais fácil e mais rápido virar uma estrela. É sobre isso que tratam os três próximos capítulos. Nós estamos nos aproximando da mina de ouro.

CAPÍTULO 8

SETE PASSOS PARA O PARAÍSO

> Para alcançar o conhecimento, adicione coisas todos os dias. Para alcançar a sabedoria, remova coisas todos os dias.
>
> *Lao-Tsé*

De acordo com a teoria do Big Bang, em um primeiro momento não havia nada, e no seguinte surgia o início do universo. Criar um novo nicho não é igual a isso. É mais parecido com a criação de uma nova espécie pela mutação de uma já existente. No começo, tivemos os dinossauros, e mais tarde, dinossauros e pássaros. Primeiro, os macacos, e depois o *Homo sapiens*. Esse tipo de criação é muito mais fácil do que a criação do universo.

São sete os passos necessários para a criação de um empreendimento de risco do tipo estrela. Eles fornecem um modelo muito fácil para você planejar sua empresa-estrela.

Passo 1: Divida o mercado. Considere um mercado existente e o divida em dois. O nicho-bebê será muito pequeno em relação ao mercado principal. Não importa. O que você está fazendo é dividir o mercado existente em dois: o mercado dos outros e seu novo nicho.

Passo 2: Selecione um nicho em grande crescimento. Isso requer a avaliação do crescimento futuro do mercado, no possível nicho. Que confiança podemos ter de que o negócio crescerá mais de 10% ao ano? Por quê? Se não pudermos ter certeza, rejeitamos a idéia, voltamos para o Passo 1 e selecionamos outro nicho.

Passo 3: Procure os clientes-alvo. Essa etapa identifica as preferências dos clientes-alvo. Elas devem ser claramente identificáveis e diferentes em seu perfil das necessidades do cliente do mercado principal. Você deve ter certeza de que o produto, ou serviço, no novo nicho atenderá às preferências dos clientes muito melhor que no mercado existente. Vez ou outra, os clientes serão diferentes dos existentes no mercado principal, mas em muitas ocasiões basta satisfazer as necessidades dos clientes de uma maneira diferente (por exemplo, algumas vezes o mesmo consumidor vai beber Dr Pepper *e* Coca-Cola — mesmo que o consumidor considere experiências distintas e seja fiel a ambas as marcas).

Passo 4: Defina os benefícios do novo nicho. Isso especifica os benefícios que a nova categoria oferece além dos produtos existentes no mercado principal. O que oferece a mais? O que está oferecendo que é melhor para os clientes-alvo? O que está oferecendo que o mercado principal não fornece? E também o que o novo produto[8] não oferece que os produtos existentes oferecem? O que ele está subtraindo do mercado principal?

Passo 5: Assegure uma variação lucrativa. Essa etapa elabora o motivo pelo qual o novo nicho pode ser mais rentável do que o mercado existente. Se você não se sente confiante de que a varia-

---

8. Para evitar repetições cansativas, onde eu escrevo "produto" leia "produto ou serviço".

ção em comparação ao mercado principal será mais rentável — se você não tem bons motivos para justificar isso —, então rejeite a idéia e volte para o Passo 1.

Passo 6: Dê um nome ao nicho que pretende liderar. Se você não definir seu nicho com cuidado, não terá uma idéia clara de quem são seus concorrentes nesse nicho — as empresas com que você realmente deve se preocupar — em contraste com as empresas do mercado principal, contra as quais você concorrerá apenas de modo indireto. Sua rentabilidade será determinada pela sua permanência como líder de mercado e por quanto tempo, e não pela sua participação no mercado total. Nesse momento, quando você está tendo a idéia para o novo empreendimento de risco, não é capaz de assegurar a manutenção da liderança do nicho, mas pode ganhar uma vantagem inicial assegurando que sua fórmula é difícil de ser copiada. Dificulte a compreensão das diferenças principais por trás dos seus lucros e crescimento. Não os revele nem se vanglorie deles (só depois da venda do negócio). A cada dia que passa, aumente a profundidade e alcance da sua fórmula, e a diferença em relação aos rivais, ou possíveis rivais, para ficar menos parecido com o mercado principal e mais distinto que os outros concorrentes do nicho.

Passo 7: Escolha uma marca de modo que complemente o nome da categoria. Use um nome de marca curto, fácil de memorizar, fácil de identificar, atraente em relação ao mercado-alvo e associado com o nicho.

Depois de concluir os sete passos e se sentir satisfeito com as respostas, você criou um novo empreendimento de risco do tipo estrela *em sua mente*. Isso é o mais importante. Todo o restante — a criação do novo empreendimento de fato — significa apenas um acréscimo de detalhes na idéia. Se a idéia for boa — se for de fato uma idéia-estrela —, você *já* agregou o maior valor. Se a idéia não for boa, o negócio não prosperará, independentemente da quantidade de habilidade investida na execução.

No próximo capítulo, vamos rever os sete passos, para que você possa utilizá-los para criar sua idéia-estrela. O restante deste capítulo fornece exemplos relativos aos sete passos para três das minhas empresas-estrela e para três outras empresas-estrela famosas. Os exemplos ilustrarão a maneira precisa de usar os sete passos, dando segurança a você a esse respeito. Se não tem dúvida de que compreendeu os sete passos e está ansioso para criar seu próprio negócio-estrela, então passe por cima dos exemplos e vá direto ao Capítulo 9.

Sete Passos para o Paraíso — Betfair

Passo 1: A Betfair *dividiu* o mercado de apostas entre o mercado tradicional e o novo mercado de trocas de apostas.

Passo 2: Quando a Betfair iniciou suas atividades, seu plano se baseou no rápido *crescimento* do nicho de trocas de apostas, pois os benefícios oferecidos aos clientes eram muito grandes. De acordo com Andrew Black e Ed Wray, seu sócio e co-fundador, apenas levando em consideração o benefício do valor não seria difícil encontrar clientes que abandonariam o mercado tradicional de apostas, passando a fazer suas apostas no novo nicho. E foi isso o que aconteceu. Quando eu fiz o investimento, tive o benefício de diversos meses de experiência, revelando um crescimento mensal de mais de 30%. Posteriormente, o mercado de troca de apostas cresceu imensamente, sempre que tinha a permissão de operar com liberdade.

Passo 3: Os jogadores profissionais e os jogadores amadores entusiastas são o *mercado-alvo* da Betfair. São pessoas que apostam alto, freqüentemente e com inteligência — e muitas vezes ganham. Os corretores de apostas tradicionais fecham as contas ganhadoras.

Passo 4: O novo nicho oferece três *benefícios* para seu mercado-alvo. Acima de tudo, valor justo. Em seguida, a capacidade de apostar contra um resultado, apostar que ele não vai acontecer. Em terceiro lugar, permite que os apostadores negociem a aposta — invertam-na ou a vendam quando as probabilidades mudam. O que o novo nicho não oferece? Não permite que você aposte em uma loja especializada ou no local da prática desportiva; você tem de apostar pela internet ou pelo telefone. Também não lhe é permitido apostar em dinheiro. Você tem de registrar e depositar uma quantia antes de poder fazer a aposta.

Passo 5: O nicho da troca de apostas envolve uma *variação lucrativa*, pois não requer infra-estrutura física: lojas de apostas e equipe. Não há necessidade de pessoas para definir as probabilidades. O custo do recebimento da aposta e do pagamento é muito menor. As trocas de apostas oferecem um valor maior para os clientes, embora sejam mais rentáveis para gerenciar.

Passo 6: O *nome da categoria* — "troca de apostas" — é ideal. Curto, simples, de fácil memorização, resume o que a nova categoria significa: troca de apostas entre os diversos jogadores.

Passo 7: "Betfair" ("Aposta Justa") é uma grande *marca*, pois expressa de modo claro e sucinto qual é o benefício de utilizar os serviços da empresa. "Flutter" ("Agitação", "Excitação") era uma marca inadequada, evocando uma aposta casual, feita apenas para divertimento: distante do mercado-alvo.

Sete Passos para o Paraíso — Filofax

Passo 1: Antes do surgimento da Filofax, a maioria das pessoas mantinha suas anotações pessoais, compromissos e endereços em uma agenda. A Filofax *dividiu* o mercado das agendas entre o mercado principal e o nicho dos organizadores pessoais.

Passo 2: A Filofax passou por duas ondas de grande *crescimento*: a primeira, na década de 1980, e, a segunda, no início da década de 1990, depois que compramos o negócio. Entre 1987 e 1990, ninguém acreditava que o negócio poderia voltar a crescer. Todos achavam que a Filofax tinha saído de moda e o negócio afundaria. Meus colegas e eu, no entanto, enxergamos uma grande marca, que tinha se prejudicado desnecessariamente devido à escalada de preços e custos dos seus produtos. Percebemos que o mercado dos organizadores pessoais estava vivo e vigoroso, ainda crescendo 10% ao ano. Verificamos a possibilidade de reconquistar uma sólida participação de mercado. Mais uma vez isso revela a sabedoria de olhar para o negócio e para a categoria separadamente. Qualquer negócio que cresceu rápido no passado pode voltar a crescer rápido no futuro: com uma estratégia diferente.

Passo 3: Certas categorias profissionais, principalmente a Igreja e as forças armadas, eram originalmente o *mercado-alvo*. No início dos anos 1980, no entanto, o mercado-alvo se ampliou, incluindo *yuppies*, executivos, profissionais liberais e mulheres com vida social intensa. O mercado do organizador pessoal era muito mais focado que o mercado das agendas.

Passo 4: Que *benefícios* proporcionam os organizadores pessoais? Ao contrário das agendas, eles permitem que o usuário reúna todas as informações importantes e sempre tome notas (já que papel e caneta estavam sempre presentes no organizador) —, tornando-as visivelmente organizadas.

Na década de 1980, David Collischon deu para a Filofax um outro atributo: acessório de moda. Com percepção tardia do que devia ser feito, isso poderia ter sido mais bem aproveitado por meio do desenvolvimento de uma linha de moda de alta margem, mantendo uma linha de organizadores de preço menor. Ao deslocar toda a linha de produtos para o mercado de luxo, e ao deixar que os preços atingissem valores muito altos para as pessoas que desejavam organizar suas vidas em vez de ser admiradas, a Filofax abriu espaço para concorrentes de custo menor.

Passo 5: Os organizadores pessoais eram mais *rentáveis* que as agendas, pois os benefícios de um organizador eram muito maiores, e, portanto, o "recheio" de folhas soltas podia ser vendido a preços muito mais altos que um bloco de papel. Em virtude da configuração exclusiva de fichário com seis ganchos da Filofax (posteriormente, os concorrentes também copiaram o formato da Filofax ou inventaram o seu próprio), os clientes não tinha opção. Por outro lado, a conveniência e a eficiência do sistema do organizador pessoal eram grandes, de modo que os consumidores que adquiriam o conceito sentiam que estavam fazendo uma boa compra.

Passo 6: Quando a Filofax cresceu imensamente na década de 1980 como um produto caro e de desejo, a ausência de uma descrição genérica de nicho tornou-se um problema para a empresa-líder. As pessoas começaram a utilizar a "filofax" para descrever a categoria, o que significava que todos os concorrentes poderiam descrever seus produtos como filofax (observe a letra minúscula *f*). Em 1986, David Collischon cunhou inteligentemente o termo "organizador pessoal" para descrever a categoria, e estimulou o uso do termo.

Os especialistas em marketing são inflexíveis em relação ao fato de que é mais fácil para nós pensarmos primeiro sobre a categoria em geral e depois sobre a marca. "Preciso de um organizador pessoal para manter toda minha papelada em ordem. Que marca devo pedir numa loja? Bem, Filofax é a mais conhecida." Essa é uma maneira mais fácil e mais natural de pensar do que "Eu preciso de uma Filofax". O benefício claro de um *organizador pessoal* era que ele ajudava as pessoas a *se organizar melhor*. Se a expressão "organizador pessoal" não tivesse ganho ampla circulação, o benefício da nova categoria seria muito menos evidente, e a marca nominal Filofax teria ficado desvalorizada.

Compare com a confusão causada no nicho do organizador eletrônico. Quando esse produto foi desenvolvido na década de 1990, a marca-líder era PalmPilot. Mas qual era a o nome da categoria? Como Al e Laura Ries comentam, "Algumas pessoas chamam o Palm de organizador eletrônico. Outras chamam de computador de mão. E outras ainda, de PDA (*personal digital assistant* — auxiliar digital pessoal). Todos esses nomes são muito compridos e complicados. Carecem da clareza e simplicidade que um bom nome de categoria deve ter. Se... um computador pessoal, que se acomoda no seu colo (*lap*, em inglês), é chamado de *laptop*, então o nome lógico para um computador que se acomoda na palma da sua mão é um *palm*... Naturalmente, a Palm Computer apropriou-se antecipadamente de Palm como marca nominal, deixando uma indústria nascente na busca de um nome genérico apropriado... A Palm Computer deve ter ficado tão concentrada na escolha de um nome genérico apropriado quanto na escolha de uma marca nominal apropriada".[9]

Passo 7: Filofax é uma grande *marca*: simples, clara, ainda detentora da sua própria mística. Foi complementada muito bem por

---

9. Do excelente livro deles, *The Origin of Brands* (Nova York: HarperCollins, 2004).

seu nome de categoria. Se alguém perguntava: "O que eu faço com uma Filofax?", a resposta era clara: era um organizador pessoal, que possibilitava a você ficar mais organizado. Sem o nome do nicho, a resposta teria sido muito menos evidente: "É um fichário de anotações, certo?". Na realidade, não. O benefício de dispor de um fichário de anotações não é imediatamente evidente. Ocorria o mesmo em relação à Betfair. "O que a Betfair representa para você?" "A capacidade de *apostar de modo justo.*" Essa resposta não teria sido suficiente. Como todas as marcas brilhantes, "Betfair" não conta toda a história. No entanto, se você compreende o que significa uma troca de apostas, "Betfair" acrescenta uma característica específica e resume a atração de modo admirável.

Sete Passos para o Paraíso — Belgo

Passo 1: A cadeia Belgo *dividiu* o mercado de restaurantes do Reino Unido em "mercado Belgo ou do tipo Belgo" e o de todos os demais restaurantes. O novo nicho abrangia a cadeia de restaurantes Belgo, incluindo decoração temática (mosteiro), comida e bebida diferentes, e serviço rápido.

Passo 2: O nicho *cresceu rapidamente*. O crescimento aconteceu dentro de cada unidade, enquanto área construída, a ocupação alcançou níveis muito elevados e o giro das mesas era sempre mais rápido. O crescimento principal também proveio da abertura de novas unidades.

Passo 3: O Belgo desenvolveu sua própria e fiel *clientela*, com muitos clientes freqüentando uma unidade uma vez por semana, no mínimo. A clientela principal era constituída por pessoas ligadas a atividades profissionais criativas — relações públicas, publicitários, designers, profissionais de mídia, arquitetos, artistas — da faixa etária entre 30 e 50 anos. Era gente mais ligada à contracultura; raramente se avistava uma gravata.

Passo 4: Que *benefícios* o Belgo oferecia? De acordo com a clientela principal, uma experiência única, sociabilidade, glamour não convencional e serviço rápido de alta qualidade.

Passo 5: A *variação lucrativa* do Belgo tinha origem em duas coisas: a margem bruta elevada, a partir da comida e bebida exclusivas; e o alto retorno do capital, a partir dos sete giros de mesa por dia, que, por sua vez, dependia da organização da produção como uma fábrica, da alta demanda e da disposição dos clientes em "devolver" a mesa em noventa minutos. A alta demanda decorria da divulgação promovida pelos dois fundadores, do coração e alma que investiam nos restaurantes, e da alta qualidade que era difícil de definir, mas também impossível de não ser reconhecida pelos clientes. A fonte da variação lucrativa do Belgo não foi compreendida por aqueles que adquiriram a cadeia de nós. Luke Johnson, o novo presidente, participou uma vez de um *reality show* de TV trabalhando em um dos restaurantes Belgo. Pareceu um contador em um show de rock. Os novos proprietários expandiram a cadeia para lugares onde a demanda necessária para dar sustentação à economia de uma unidade Belgo não existia, e não perceberam o papel vital da dupla fundadora no *frisson* que envolvia a inauguração de cada nova unidade. Depois da separação da dupla, as novas unidades nunca desenvolveram massa crítica.

Passo 6: O novo nicho foi definido como "restaurantes semelhantes ao Belgo". De fato, ninguém copiou a fórmula em sua totalidade, talvez porque o papel-chave da produção e entrega rápida de comida e bebida não tenha sido avaliado corretamente. Como isso não ficou evidente para os supostos imitadores, eles lutavam para fechar as contas, e quando conseguiam, economizavam no projeto e nas instalações dos restaurantes. Nenhum outro lugar dava a sensação extravagante do Belgo, nenhum tinha um giro de clientes tão grande ou era capaz de desafiar o Belgo em sua categoria.

Passo 7: Os dois fundadores imaginaram uma *marca* inteligente no Belgo. Ela atraiu muita divulgação gratuita dos jornalistas e críticos de restaurantes londrinos, reforçada pela publicação do peculiar *Belgo Cook Book*, que apresentava os criadores do Belgo e "ridicularizava-os".

Sete Passos para o Paraíso — McDonald's

Passo 1: No início, antes de Dick e Mac McDonald criarem seu "sistema de serviço rápido" para servir hambúrgueres, em 1948, havia o mercado dos cafés, nos quais eram servidos café, bebidas gelada e uma grande variedade de alimentos. O McDonald's dividiu o mercado dos cafés entre o mercado principal e seu próprio nicho, isto é, o do restaurante de fast-food à base de hambúrgueres. Muito antes do Belgo, os irmãos McDonald criaram um novo cardápio e uma nova maneira "automatizada" de servi-lo.

Passo 2: Os irmãos criaram um nicho em grande crescimento. Como o Belgo, eles cresceram abrindo novos restaurantes e expandindo rápido as vendas nas unidades existentes. Ray Kroc deu força ao crescimento através de franquias e expansão internacional. Desde que Kroc comprou o McDonald's, em 1961, as unidades, em sua maioria, foram sempre franquias, possibilitando o crescimento acelerado com pouco investimento de capital da empresa-mãe.

Passo 3: O mercado-alvo era constituído por clientes que gostavam de hambúrgueres. Mais recentemente, a empresa adotou com sucesso as crianças como mercado-alvo. Foi a primeira cadeia de restaurantes a oferecer um cardápio infantil e *playground*.

Passo 4: Os benefícios para os apreciadores de hambúrguer são um produto confiável e consistente, que tem o mesmo sabor sempre e em qualquer lugar do mundo; serviço rápido; e preços baixos. O "sistema de serviço rápido" multiplicou a quantidade de hambúrgueres e batatas fritas, reduzindo os preços e beneficiando a grande maioria dos clientes. A subtração desempenhou um papel importante. O McDonald's suprimiu os garçons e as garçonetes. Eliminou a maior parte dos produtos oferecidos no cardápio de um café, focando nos hambúrgueres e nos produtos associados ao hambúrguer. O cardápio ficou reduzido a nove itens: hambúrgueres, cheesebúrgueres, batatas fritas e seis bebidas.

Passo 5: A variação lucrativa: os procedimentos padronizados e a velocidade tornaram possível servir quantidades sem precedentes de refeições para um restaurante de um determinado tamanho. O movimento de vendas alto possibilitou a venda de refeições por um preço muito baixo. O preço baixo e a qualidade consistente lotaram os restaurantes.

Em 1951, a unidade de San Bernardino apresentou um faturamento anual bruto de mais de 400 mil dólares, mais ou menos 3 milhões de dólares em valor atualizado. Isso equivale ao dobro das vendas anuais realizadas atualmente, em média, nas unidades norte-americanas do McDonald's. Com o caixa cheio, os irmãos abriram outros sete restaurantes, em cinco anos — muito mais rápido que o Belgo! O sistema deles mudou a face dos Estados Unidos e do mundo, permitindo que dezenas de milhões de pessoas pudessem fazer suas refeições fora de casa.

A afirmação de que Ray Kroc foi o fundador real do McDonald's é pura propaganda. Ray Kroc era um gênio comercial. A coisa mais perspicaz que ele fez na vida foi comprar um negócio-estrela maravilhoso por muito menos do que valia. Suas decisões em relação ao franqueamento e à internacionalização foram visionárias. No entanto, Dick e Mac foram os inventores da fórmula para o crescimento extremamente rentável.

Passo 6: Assim como sempre foi a cadeia-líder de restaurantes de hambúrgueres nos Estados Unidos, o McDonald's foi a primeira cadeia de restaurantes de hambúrgueres em quase todos os países europeus, e a primeira na maioria dos demais países do mundo. Foi a primeira marca global de restaurante e continuou sendo a maior. De 1948 até o início da década de 1990, o McDonald's foi a empresa-líder em um mercado em expansão acelerada.

Passo 7: O McDonald's revelou-se uma marca poderosa e duradoura. O nome "Big Mac", do seu hambúrguer mais popular, e o logotipo dos arcos dourados foram inspirados.

Sete Passos para o Paraíso — Cirque du Soleil

Passo 1: O Cirque du Soleil (Circo do Sol) dividiu o mercado circense entre o circo tradicional — o único existente até então — e o novo nicho criado em 1984. Fundado em Montreal, por artistas de rua, criou um "circo reinventado", que utiliza uma linha narrativa para cada performance e apresenta música e dança no espetáculo. De certa maneira, é uma mistura entre circo e teatro, com um pouco de ópera, balé, rock e tragédia.

Passo 2: A nova categoria cresceu rápido, tanto que o Cirque du Soleil alcançou em vinte anos a mesma receita bruta que os principais circos tradicionais — Barnum & Bailey e Ringling Bros — levaram um século para alcançar.

Passo 3: As crianças são os clientes-alvo do circo. O Cirque du Soleil, porém, visou o público adulto e o entretenimento para empresas, e fixou os preços dos ingressos dos seus espetáculos em níveis semelhantes àqueles do cinema, e muitas vezes do circo comum.

Passo 4: Os benefícios oferecidos pelo Cirque du Soleil envolviam uma experiência de entretenimento única, de coerência muito maior que o circo; um grande projeto, inclusive uma lona de circo de tecnologia avançada; assentos confortáveis; uso inspirado das cores; música especialmente composta; e quadros exclusivos criados pelos melhores artistas circenses veteranos. O circo reinventado eliminou quadros com animais, as arenas com três anéis (múltiplos espaços de demonstração) e as estrelas fixas.

Passo 5: As variações do Cirque du Soleil em relação aos circos tradicionais são muito lucrativas. As partes mais caras do circo — os animais e as estrelas fixas — foram eliminadas, ainda que o preço dos ingressos seja mais caro.

Passo 6: O Cirque chama a sua categoria de "o circo mais moderno".[10] O Cirque domina o seu nicho.

Passo 7: A marca Cirque du Soleil funcionou muito bem, construída a partir da qualidade das suas realizações e do boca a boca.

Sete Passos para o Paraíso — Coca-Cola

Passo 1: Em 1885, John Stith Pemberton, farmacêutico da Geórgia, inventou "um vinho de coca". Ele chamou-o de Pemberton's

10. Entrevista para a revista *Reveries*, em julho de 2002.

French Wine Coca, que vendeu mais ou menos bem. Em 1886, em Atlanta, depois da introdução de uma lei seca, ele desenvolveu uma versão não alcoólica gasosa, que chamou de Coca-Cola e começou a vendê-la localmente em balcões de venda de bebidas não alcoólicas.[11] Ele dividiu o mercado de refrigerantes entre as bebidas existentes — feitas de extratos de raízes, à base de frutas, de salsaparrilha etc. — e a nova categoria cola que criou. Pemberton, do mesmo modo, dividiu outro mercado, pois a Coca-Cola também foi vendida inicialmente como medicamento patenteado, capaz de curar dores de cabeça, doenças nervosas e depressão. A Coca-Cola é o primeiro produto popular que foi tanto bebida não alcoólica vendida em balcão como medicamento patenteado. Muitas grandes inovações dividem simultaneamente mercados e combinam os atributos dos dois mercados antes não relacionados.

Passo 2: A categoria cola cresceu rápido desde o início. Em 1º de maio de 1887, de acordo com o jornal *Atlanta Constitution*, as vendas do xarope de Coca-Cola nas últimas semanas tinham atingido seiscentos galões, equivalentes a 76.800 doses. Em 1891, as vendas alcançaram quase 20 mil galões de Coca-Cola. Em 1895, foram vendidos 76.244 galões, isto é, um crescimento composto de 40% ao ano, equivalente a quase 10 milhões de doses. Em 1900, a Coca-Cola já era o refrigerante mais popular dos Estados Unidos, uma posição mantida desde então.

Passo 3: A maioria dos primeiros anúncios foi dirigida para homens de negócios, mas três outros grupos foram visados: mulheres, crianças e fumantes.

---

11. A primeira formulação da Coca-Cola utilizou água sem gás em vez de água gasosa, até que, acidentalmente, misturou-se água gasosa. Os clientes preferiram a última versão.

Passo 4: Inicialmente, os benefícios da Coca-Cola foram medicinais: era "um medicamento fortificante ideal para dor de cabeça e nervosismo". Desde o início, também, a Coca-Cola foi comercializada como bebida "deliciosa e refrescante". Quando a cocaína da Coca-Cola foi eliminada nos anos 1900, o marketing focalizou as qualidades refrescantes e de sabor do refrigerante. Quando os concorrentes surgiram, a Coca-Cola enfatizou que só ela era "a coisa verdadeira" (*the real thing*).

Passo 5: A variação lucrativa da Coca-Cola surgiu originalmente dos seus volumes altíssimos, como refrigerante vendido em balcões que comercializavam bebidas não alcoólicas. Ela beneficiou-se dos investimentos já feitos nesses balcões. Como as outras bebidas vendidas ali, a Coca-Cola era comercializada por meio centavo de dólar, mas os ingredientes custavam menos de meio centavo de dólar. A questão, portanto, não era a margem de porcentagem, mas o volume absoluto de vendas e o lucro que podia ser gerado. Asa Candler, que assumiu o controle da empresa em 1888, aumentou o volume de vendas por meio de muito investimento em propaganda. Em 1892, Candler gastou 11.400 dólares em publicidade, que foi a sua despesa principal depois dos 22.500 dólares despendidos em ingredientes. Candler também gerou mais negócios para os proprietários dos balcões, oferecendo-lhes amostras grátis para os novos clientes (a quem eram distribuídos cupons), cartazes e mercadorias promocionais, como réguas, armários, relógios e jarros. Candler percebeu que a publicidade e as promoções locais eram capazes de ajudar a construir um negócio lucrativo e muito grande, desde que a margem bruta do xarope fosse suficientemente alta. Na construção do volume comercializado, a Coca-Cola se baseou fortemente nas suas qualidades medicinais, que a diferenciava de quase todas as outras bebidas gasosas comercializadas nos pontos-de-venda.

Outra variação lucrativa de Coca-Cola surgiu por acaso. Durante dois anos, Candler foi importunado por um empresário de Chattanooga, Benjamin Franklin Thomas, que quis engarrafar a Coca-Cola. Em 1889, Candler, com relutância, aceitou o plano de Thomas. O engarrafamento da Coca-Cola foi um êxito imediato, gerando lucros elevados para a empresa e para as engarrafadoras. Para a Coca-Cola, as engarrafadoras criaram um novo e imenso mercado sem nenhuma necessidade de investimento de capital. Em 1904, existiam mais de 120 instalações de engarrafamento nos Estados Unidos. A Coca-Cola talvez seja o primeiro exemplo na história de uma empresa concentrada nas suas "competências principais" (neste caso, formulação do produto, desenvolvimento da marca e marketing), e terceirizando todas as funções intensivas em capital. Em conseqüência, a empresa cresceu enormemente sem ter necessidade de levantar muito capital externo. E tudo isso aconteceu por acaso.

Quando as colas concorrentes surgiram, a Coca-Cola foi capaz de impor um ágio substancial de preço. Até hoje, a Coca-Cola continua sendo muito lucrativa. Atualmente, apresenta uma margem operacional de 26%, em vez dos típicos 5% a 10% da indústria de alimentos e bebidas.

Passo 6: A Coca-Cola é a cola-líder norte-americana desde 1886. Ela foi o primeiro refrigerante de cola na maior parte dos países e também é líder de mercado na maioria dos países, com a exceção notável do Oriente Médio, onde a Pepsi era a líder.

Passo 7: A predominância aparentemente firme da Coca-Cola na categoria cola que ela criou a transformou na marca mais valiosa no mundo, avaliada em 70 bilhões de dólares. O fato de a categoria cola ter ficado tão grande e lucrativa é um dos milagres comerciais do século XX. É uma inspiração para empreendedores de todos os lugares, para ampliar com expressividade as vendas dentro das suas categorias no próximo século. Se tal valor foi alcançado a partir de uma bebida doce e grudenta, inventada por um farmacêutico atabalhoado, pense quanto sua categoria poderá crescer — se você acreditar nela e tiver um horizonte de tempo bastante longo!

Meus autores preferidos sobre marcas e marketing, Al e Laura Ries, propõem um desafio intrigante:

> "O que construiu a marca Coca-Cola? Foi um programa de marketing intensivo, informando os benefícios de consumir Coca-Cola? Ou foi o fato de a Coca-Cola ter sido o primeiro refrigerante da categoria cola?
> Se o fato de criar uma nova categoria é a essência da construção de uma marca, então vale a pena passar algum tempo refletindo a respeito da origem das novas categorias".[12]

Isso é exatamente o que nós estamos prestes a fazer, utilizando o nosso Sete Passos para o Paraíso como modelo para você criar seu novo negócio-estrela.

---

12. *The Origin of Brands*, p. 174.

CAPÍTULO 9

COMO CRIAR SEU NEGÓCIO-ESTRELA I

IMAGINANDO IDÉIAS-ESTRELA

Se você é capaz de sonhar, é capaz de fazer.

Walt Disney

INTRODUÇÃO

Este capítulo e o seguinte são os mais importantes e creio que os mais valiosos do livro para você. Se utilizar os capítulos para criar uma boa idéia para seu negócio-estrela, você na certa se lembrará disto como um ponto de virada na sua vida.

Para começar, a idéia está toda na cabeça. Lembre-se do que aconteceu comigo, quando me sentei na espreguiçadeira, em Brighton, e tive o lampejo sobre a Filofax: a idéia vem em primeiro lugar. Se ela for boa, o resto é decorrência. Se for ótima, se for mesmo um negócio-estrela em formação, então você já determinou o sucesso, mesmo antes de ter feito algo. Se a idéia-estrela for sólida, o dinheiro para começar o empreendimento virá, assim como os clientes, a grande equipe e a sua fortuna virão.

Embora a materialização da sua idéia-estrela possa ser surpreendentemente recompensadora, ela não é difícil. O procedimento é direto, baseado nos Sete Passos para o Paraíso. Neste capítulo, trabalharemos juntos para *criar uma listinha de duas ou três idéias* do empreendimento de risco do tipo estrela, dividindo os mercados existentes em dois: o mercado atual e seu novo nicho-estrela. Você identificará este processo como o Passo 1, em Sete Passos para o Paraíso, no início do Capítulo 8. No Capítulo 9, seguimos adiante, *validando as idéias e escolhendo uma delas* como seu empreendimento de risco do tipo estrela, começando pelo Passo 2 e terminando no Passo 7.

O processo requer um pouco de inspiração, mas é divertido. Junte-se a um bom amigo, ou talvez dois ou três, para imaginar possíveis conceitos-estrela. Os amigos devem ser pessoas nas quais você confia inteiramente e com quem gostaria de criar um negócio. Eles são seus co-fundadores potenciais, e, assim, pense com cuidado antes de convidá-los para se juntar nessa discussão em grupo.

Vocês todos devem ter lido o livro até aqui, prestando atenção especial ao Capítulo 8; em seguida, leiam este capítulo. Se possível, cada um deve trazer uma idéia ou duas. Marquem um encontro — duas ou três horas ao anoitecer, ou no fim de semana, quando vocês estiverem livres e relaxados. Bebam café ou chá, uma cerveja ou uma taça de vinho se quiserem. Se você não encontrar inspiração, espere uma semana ou um mês. Talvez surja uma inspiração enquanto estiver escovando os dentes ou caminhando pela rua.

Comece com os mercados que você e os seus amigos conhecem. Como vocês poderiam colocá-los de cabeça para baixo, do avesso, para criar uma nova categoria?

Aqui estão 32 gatilhos úteis. Alguns deles são opostos; a sugestão é que se use um extremo ou o outro para criar um novo nicho.

Vá contra a sabedoria convencional do mercado principal. Muitos desses gatilhos se relacionam, ou se assemelham, mas estão incluídos para incitar uma idéia que de outra maneira poderia não lhe ocorrer. Não se sinta restrito pela lista, que é feita para ajudálo, e não para paralisá-lo. Se você não sentir afinidade com o gatilho, passe imediatamente para o seguinte.

Gatilho 1. O seu produto ideal não existe

O primeiro gatilho é o mais simples. Há um produto ou serviço que você realmente quer e que não está disponível?

Andrew Black quis uma troca de aposta, para que ele pudesse apostar contra outros indivíduos e evitar dar lucros excessivos aos corretores de apostas.

Karan Bilimoria quis uma cerveja "menos gasosa" para acompanhar comida indiana. Seu problema era que as cervejas vendidas em restaurantes indianos o faziam sentir-se inchado, limitando a quantidade de cerveja e comida que ele podia consumir. Combinando a natureza refrescante de uma cerveja leve com a suavidade de uma cerveja do tipo *ale*, e vendendo-a para acompanhar comida indiana, Bilimoria criou a Cobra, um negócio-estrela com vendas superiores a 100 milhões de libras.

Em uma escala mais modesta, escrevi diversos livros porque queria um sobre o assunto e não conseguia encontrá-lo. Por exemplo, quis um livro sobre a "regra 80/20" do economista Vilfredo Pareto, para dar para amigos e conhecidos do mundo dos negócios. Embora existissem inúmeros artigos sobre o assunto disponíveis na internet, não havia nenhum livro. *The 80/20 Principle* foi publicado em 25 idiomas e vendeu mais de 700 mil exemplares.

Claro que você tem de verificar se o seu gosto não é único, se há "pessoas como você" em quantidade suficiente para criar um mercado em sua brecha. Para sua surpresa, muitas vezes verá que há.

Gatilho 2. Mercado de luxo/Mercado popular

Você pode criar um segmento de luxo de um mercado? Isso se mostra especialmente frutífero quando ninguém dispensa muita atenção ao mercado existente; quando há uma grande Cinderela que ninguém vê: apática, não rentável, plana ou declinante.

O mercado varejista de café norte-americano costumava se ajustar perfeitamente a essa descrição. Os cafés eram vendidos em cafeterias desleixadas por cerca de cinqüenta centavos de dólar. Então, em 1987, a Starbucks começou a abrir lojas oferecendo café de alta qualidade. Por algum motivo, os clientes se dispuseram a pagar muito mais do que cinqüenta centavos de dólar por um café de procedência exótica em um ambiente diferenciado.

Atualmente, a Starbucks possui 10 mil pontos-de-venda em trinta países. Suas vendas atingem 6,4 bilhões de dólares, e a empresa vale incríveis 29 bilhões de dólares.

Muitos grandes nichos foram criados com "indulgências disponíveis", uma versão mais cara de um produto barato. Em suas épocas, a Coca-Cola e o McDonald's tiveram aspectos da indulgência disponível.

Que mercado enfadonho, mas lucrativo, você conhece, no qual pode se imaginar fornecendo algo muito melhor por um preço bem maior?

Você pode fornecer uma versão de alta qualidade de um produto ou serviço tradicionalmente visto como popular? O que pode ser mais comum do que casas pré-fabricadas? No entanto, a Champion Enterprises, de Michigan, criou um novo nicho de "casas pré-fabricadas atraentes", que podem incluir recursos como clarabóias e lareiras personalizadas.

Gatilho 3. Luxos disponíveis

São as versões correspondentes aos "ingressos mais caros" das "indulgências disponíveis". Há um produto realmente caro a partir do qual você pode criar uma nova categoria que será muito mais acessível do que o luxo atual e ainda conservará altos padrões e a maior parte do seu apelo?

A Toyota criou uma nova categoria extremamente lucrativa com o Lexus. Ele é um carro luxuoso, com o desempenho de um BMW ou Mercedes, mas com um preço muito mais baixo. O Lexus corresponde a 3% das vendas da Toyota, mas equivale a um terço dos seus lucros.

A Mazda adotou a mesma abordagem com o MX-5, o carro esportivo mais popular no mundo. Ele tem o desempenho de um Porsche pela metade do preço.

A classe executiva das companhias aéreas oferece a maior parte dos benefícios da primeira classe, mas pela metade do preço. Algumas empresas, como a British Airways, obtêm mais de 100% dos seus lucros da classe executiva e perde dinheiro nas outras classes.

Você talvez tenha uma camisa pólo Ralph Lauren. É moda sem estar na moda. É um artigo de vestuário de alta qualidade, de classe, que denota que você escolhe sua roupa com apuro. Por outro lado, o estilo é clássico e não se modifica ao longo do tempo. O resultado é volume enorme e lucros muito maiores.

Gatilho 4. Mercado de massa *versus* nicho

Você pode ir um passo além disso e criar um mercado de massa genuíno onde há atualmente apenas um mercado pequeno e seleto para gente rica.

Antes de Henry Ford fabricar carros para as massas, eles eram um item de luxo para os muito ricos. Os pacotes turísticos democratizaram o mercado de férias no exterior, que há uma geração ou duas estava confinado às classes médias mais afluentes. As companhias aéreas de baixo custo, como a Southwest, nos Estados Unidos, e a Ryanair e easyJet, na Europa, fizeram algo semelhante em termos de viagem independente. Os restaurantes de fast-food permitiram às pessoas comerem fora por uma fração da conta de um restaurante convencional.

Onde há um mercado de nicho disponível só para os ricos que pode ser convertido em um mercado de massa em um nível de preços muito mais baixo? Defina a categoria, defina o preço em que ele pode ser um mercado de massa e então projete os seus custos para ficar abaixo daquele nível.

Há sempre a possibilidade de um nicho de ultra-alta-qualidade. A fatia que cresce mais rápido na economia americana (e em muitas outras) é aquela de milionários, multimilionários e bilionários. Entre 1982 e 1999, a população americana de milionários triplicou, alcançando 9 milhões de pessoas, com um valor líquido combinado de 30 trilhões de dólares. O número de bilionários passou de 13, em 1982, para pelo menos 367, em 1999, que foram recenseados publicamente, e devem chegar a mais de mil, quando os bilionários avessos à publicidade são acrescentados. O Luxury Institute of New York realizou uma pesquisa sobre a melhor marca de relógio de pulso entre indivíduos com patrimônio líquido acima de 5 milhões de dólares. O Cartier não ficou entre os dez melhores, o Rolex mereceu pouca consideração e o Breguet alcançou apenas o quinto lugar. Os ricos escolheram o Franck Muller, uma nova marca suíça, que faz um comércio vivo com relógios acima de 500 mil dólares (embora seja possível comprar o mais barato por meros 5 mil dólares). Por mais que existam os nichos luxuosos, há sempre a possibilidade de criar um ainda mais luxuoso; sem dúvida, nesse mercado "quanto mais você paga, mais o produto vale".

Ou pegue outro caminho. Existe um mercado de massa sem um equivalente de prestígio? Nesse caso, crie um Starbucks. Os alimentos e as bebidas naturalmente se prestam a segmentos de luxo como gim de alta qualidade, gim de altíssima qualidade e refeições prontas de alta qualidade. Que alimentos ou bebidas não possuem um segmento de prestígio? Por que ninguém fez um Starbucks de chá?

Gatilho 5. Produtos maiores *versus* produtos menores

Novos nichos podem ser criados, aumentando ou diminuindo os produtos. Forneça algo maior, mais robusto ou mais potente — McDonald's de tamanho gigante, veículos utilitários 4 x 4, carros esporte.

Ou crie um produto menor — o relógio de pulso, réplicas de carros em miniatura Dinky, *scooters* Vespa, motonetas Honda, computadores pessoais, Volkswagens, carro Smart, celulares, impressoras a *laser* Hewlett-Packard, tomates cereja, iogurte Danone Actimel.

Ou não deixe por menos e miniaturize de uma vez — réplicas de carros em miniatura Matchbox, Walkman Sony, computador Palm, câmera Leica, *videogame* Game Boy, e doces Oreos e Snickers em miniatura.

Gatilho 6. Emocional *versus* funcional

A emoção é cálida e cara. A função é racional, barata, desprovida de princípios básicos e isenta de contra-senso.

Você pode criar um novo nicho adotando o "emocional" em um mercado dominado pelo "funcional"? Todas as marcas de alta qualidade — Belgo, Plymouth Gin, Filofax, Starbucks, Coca-Cola, roupas de estilistas — seguem esse caminho. Indiscutivelmente, os alimentos orgânicos, os remédios homeopáticos e os personal trainers também fazem isso — são todas categorias em grande crescimento.

Ou você pode começar uma nova categoria, adotando o "funcional" em um mercado dominado pelo "emocional"? A Microfile mordeu uma parte das vendas da Filofax fornecendo um organizador pessoal que fazia exatamente a mesma coisa pela metade do preço, embora sem a mesma bagagem emocional (capa de couro inglês, o logotipo Filofax).

As compras de ações, serviços bancários, seguros, serviços contábeis e pacotes de viagem costumam ser compras "emocionais". O corretor de ações sensato, o gerente de banco prestativo, o corretor de seguros bem informado, o contador confiável e o agente de viagem cordial tinham premissas confortáveis. A maiorias das vendas era feita face a face. Em todos os casos, os inovadores de nicho forneceram produtos que são muito mais baratos, eliminando o custo da interação cara a cara por meio de canais de baixo custo, como o telefone e a internet.

GATILHO 7. MAIS SAUDÁVEL *VERSUS* TENTAÇÃO

Na LEK, meu primeiro projeto identificou a categoria de alimentos mais saudáveis como o mercado de maior crescimento da indústria alimentícia. Foi em 1983. Desde então, a proliferação de novas categorias tem me assombrado: com baixo teor de gorduras, isento de gorduras, com gordura boa (poliinsaturada), semiadoçado, com baixo teor de açúcar, isento de açúcar, isento de colesterol, com baixo teor de colesterol, com baixo teor de ácido, com pouco sal, orgânico. Leite semidesnatado, leite desnatado. Sem falar nas muitas lojas de alimentos integrais.

A lista continua. Todos os anos, novas categorias são criadas, e a maioria dos nichos de alimentos mais saudáveis prospera. A Tropicana criou um negócio-estrela lucrativo: o "suco de fruta que não é feito a partir de concentrado", apresentando-nos algo novo a ser incluído em nosso rol de preocupações, e nos fazendo pagar para evitar aborrecimentos. Outro grande negócio-estrela envolve a Silk, a principal fornecedora norte-americana de leite de soja, uma nova categoria que ela criou, apresentando um crescimento de 50% ao ano. (Não importa que tenha sido um chinês a inventar a bebida por volta de 164 a.C.) Por que "Silk"? Por ser uma contração brilhante de *soya* e *milk* (respectivamente "soja" e "leite" em inglês).

Outra nova estrela é o Splenda, o primeiro adoçante natural isento de calorias, inventado pela McNeil Nutritionals. O Splenda domina o nicho que criou, e já alcançou o volume semelhante, estabelecido durante décadas, do Sweet'N Low e do Equal, os dois principais adoçantes artificiais.

A Whole Foods Market criou a categoria de vendas a varejo de comida natural e é a estrela dominante no mercado norte-americano, que cresce entre 15% e 20% ao ano. Não é demasiado tarde para empreendedores regionais, na Europa e na Ásia, criarem empreendimentos de risco do tipo estrela semelhantes.

A indústria de alimentos também evidencia novos empreendimentos-estrela, como a criação de nichos *menos saudáveis*, como sorvetes de luxo (na verdade "gordura em dobro"), sobremesas cheias de chocolate (a sagazmente nomeada cadeia de doces Death by Chocolate), e bebidas supercafeinadas e com muito açúcar. A cadeia de sorvetes Ben & Jerry foi criada em 1978, em um posto de gasolina reformado, em Vermont, com capital de 8 mil dóares e empréstimos de 4 mil. Em pouco tempo, a empresa se tornou uma estrela. Em 2000, a Ben & Jerry foi vendida para a Unilever por 326 milhões, quase 41 mil vezes o capital inicial. Jerry Greenfield ganhou 19 milhões de dólares, e Ben Cohen ficou com 46 milhões de dólares.

Essas somas são desprezíveis, no entanto, em comparação com o dinheiro ganho pela Red Bull, um empreendimento-superestrela criado nove anos depois da Ben & Jerry. A Red Bull criou e dominou a categoria das bebidas energéticas (uma bebida gasosa com muita cafeína e açúcar), e atualmente vende mais de 2 bilhões de latas por ano. A Red Bull GmbH é uma empresa privada, e, portanto, é difícil estimar seu valor, mas com vendas de 2 bilhões de dólares e altas margens de lucro, ela deve valer muitos bilhões de dólares. O fundador, Dietrich Mateschitz, é o mais rico austríaco.

Se você estiver pensando em criar uma nova empresa-estrela no setor de alimentação e bebidas, as categorias *mais saudáveis* e *tentação* são ainda sugestões úteis.

Gatilho 8. Seguro *versus* vigoroso

Se você quiser um carro seguro, provavelmente escolherá um Volvo, o fabricante de automóveis que criou a categoria dos "carros seguros". Se quiser algo mais potente e tem recursos para isso, por que não uma Ferrari? Com seu assento largo e cobertura, a BMW é uma motocicleta relativamente segura. Os vigorosos compram Harley-Davidson. Se você não tiver recursos para uma Harley, eles venderão amavelmente uma (bastante cara) jaqueta de couro Harley. Vigoroso é caro e lucrativo.

Será que você não pode criar um segmento seguro ou vigoroso no setor que está analisando?

Gatilho 9. Conveniência *versus* pureza

Crie uma estrela por meio da invenção de uma categoria nova, mais conveniente. Café instantâneo Nescafé, Cliff's Notes,* Post-it 3M, organizadores pessoais Filofax, frigideiras antiaderentes Teflon, aspiradores de pó Dyson sem saco são alguns exemplos.

---

* Série norte-americana de livrinhos que oferecem uma descrição sumária dos principais pontos de uma obra literária. (N. do T.)

É mais difícil criar um segmento mediante a atração dos puristas, que valorizam a autenticidade até à custa da conveniência. Os segmentos autênticos são difíceis de criar a partir do zero.

Ao organizar livrarias muito maiores, com grande variedade temática, assentos cômodos, vendedores informados e cafés, a Borders e a Barnes & Noble empreenderam a dura tarefa de combinar conveniência com pureza.

Gatilho 10. Economia de tempo *versus* tempo de sobra

Com a vida parecendo acelerar além do nosso controle, a economia de tempo é um grande caminho para se criar uma nova estrela. Testemunhe a evolução da alimentação para o mercado de massas, do vagão-restaurante, passando pelo restaurante automático, até o McDonald's. Meio século depois, criamos um novo nicho com o Belgo, não fast-food, mas restaurantes mais rápidos. Trens de alta velocidade. Jatos particulares. Caixas automáticos. Auto-serviço em todas as suas formas, inclusive caixas de supermercado automáticos.

Por outro lado, o tempo de sobra também é um diferenciador viável. Faça da livraria um lugar confortável, e você começará a ler um livro e logo o comprará. Faça do Starbucks um local para encontrar colegas e aparecer. Por que a primeira classe dos aviões comuns ganhou do Concorde? À parte o custo inadequado da viagem supersônica, os clientes preferiram uma viagem luxuosa e com espaço em vez de uma experiência com câibras e barulhenta na metade do tempo.

Gatilho 11. Fixo *versus* móvel

Estacionário *versus* em movimento. Com certeza, isto foi feito com a fast-food e os celulares, com o Walkman Sony e o iPod

Apple. Pode ser feito em outro lugar? É claro que sim. A imaginação é o único limite.

Gatilho 12. Unissex *versus* sexo único

O unissex pertence à década de 1970. O sexo único à década de 2000 e será da década de 2010. Em 1995, a Curves criou um novo empreendimento-estrela, com *health clubs* exclusivos para mulheres. Atualmente, é a maior franquia de academias do mundo, com 10 mil unidades, 4 milhões de membros, e receitas de 2,6 bilhões de dólares. Uma nova Curves é aberta em algum lugar do mundo a cada quatro horas — esta estrela crescerá cada vez mais.

Como você pode criar uma nova estrela focando exclusivamente em homens ou mulheres?

Gatilho 13. Masculino *versus* feminino

Isto não é semelhante a idéias específicas de gênero. A Marlboro criou uma estrela ocupando o espaço de mercado do "cigarro masculino". Quase a metade dos fumantes de Marlboro é composta de mulheres. Como o grande psicólogo Carl Jung destacou, os homens têm de exprimir o seu lado feminino, e as mulheres, as suas inclinações masculinas.

Muitas novas estrelas podem ser criadas trabalhando a identidade masculina ou feminina de produtos e serviços.

Gatilho 14. A aposta gay

— Por que não uma rede de academias gay? — perguntei a um amigo.

— Todas as academias são gay — ele respondeu.

Não tenho tanta certeza.

Alguns produtos visam diretamente os homens gay — muitas vezes, um nicho sustentável e lucrativo. Os anúncios de roupa íntima de Calvin Klein parecem ser deliberadamente homoeróticos.

Gatilho 15. A aposta grisalha

O mercado para pessoas acima de 50 e 60 anos está crescendo, e com saúde. Os mercados óbvios como casas de repouso e "abrigos" são menos interessantes do que a possibilidade de criar novos segmentos dentro dos grandes mercados existentes. No Reino Unido, a Saga ("atendendo pessoas com mais de 50 anos") fez isso brilhantemente, vendendo férias, seguros e casas na Espanha. Muitos outros mercados da corrente dominante ainda não têm especificidades para pessoas desta faixa etária.

Eis algumas possibilidades que devem ser levadas em consideração:

- ★ Educação: universidades para pessoas com mais de 50 anos?
- ★ Clubes: onde se socializar à vontade sem o patrulhamento dos membros mais jovens?
- ★ Sexo e encontros: será que um site especializado não devia existir há muito tempo?
- ★ Suporte de tecnologia para os excluídos da tecnologia da informação ou frustrados com ela?
- ★ Cosméticos, artigos de toalete, comida luxuosa, *fitness centers* para pessoas mais velhas?
- ★ Um site de rede social semelhante ao MySpace, mas concentrado em gente madura?
- ★ Música e concertos visando os mais velhos?

Que mercado você conhece bem para criar um empreendimento de risco do tipo estrela para gente grisalha?

Gatilho 16. Serviço inferior *versus* serviço superior e serviço diferenciado

Se o setor que você está analisando for de serviço superior, aposte na categoria de serviço inferior ou sem serviço. Se o setor fornecer serviço predominantemente inferior, pense em uma nova categoria com serviço de alta qualidade.

Você também pode se concentrar em um determinado conjunto de consumidores que apresentam exigências diferentes. Eles podem não exigir o serviço superior que o setor definiu tradicionalmente, e podem estar preparados para realizar um pouco do trabalho que os fornecedores sempre proviam — levando assim a economias de custo substanciais. Por outro lado, esse determinado grupo de clientes pode ter outras necessidades que você pode fornecer, provendo assim um serviço que é mais *barato e melhor* para esse grupo de clientes.

A cadeia de hotéis francesa Formule Un visa clientes atentos ao orçamento que não querem nada mais, nada menos de um hotel do que uma boa noite de sono. Há horários limitados de *check-in* e serviços limitados (recepção, serviço de quarto, comida e assim por diante), mas sempre se acha uma cama confortável e um isolamento acústico excelente.

No mercado de mobília para casa, a Ikea tornou-se líder internacional, com uma rede global de mais de cem superlojas, visando consumidores mais jovens, que apreciam o estilo escandinavo simples e os preços baixos, e dispostos a passar o tempo selecionando, transportando e montando a mobília por si mesmos. A Ikea tem lojas "de destino", que requerem uma viagem especial, mas a fórmula inclui estacionamento gratuito amplo, áreas de jogos infantis, cafés, informações sobre produto excelentes e fitas métricas.

Uma inovação muito interessante — que certamente pode se estender para outros lugares — é a empresa britânica Glasses Direct, que vende óculos e lentes de contato on-line por uma fração do preço cobrado por ópticas tradicionais. A Glasses Direct estimula os clientes a realizar um teste ocular em uma óptica confiável, e depois fazer a compra on-line utilizando aquela receita. Por não ter de arcar com os custos das instalações e do pessoal das ópticas convencionais, a Glasses Direct é capaz de oferecer óculos por um oitavo de preço cobrado pelas lojas físicas (17,50 libras contra quase 150 libras). O cliente tem um pouco mais de trabalho, mas fica livre de pagar os olhos da cara. As redes de ópticas convencionais estão desnorteadas. Talvez tenham de começar a cobrar o preço integral para os testes oculares, e nenhuma delas quer ser a primeira a fazer isso.

Você pode modificar o "menu" de serviços de um determinado setor? Pode "comer" a participação de mercado de alguém fazendo algo semelhante à Glasses Direct?

Gatilho 17. Faça você mesmo *versus* serviço profissional

Se estiver pensando em um determinado serviço profissional, e não há um "faça você mesmo" alternativo, você poderá fornecê-lo?

Há cinqüenta anos você teria contratado um empreiteiro para reformar a sua casa ou teria ido à loja de ferragens local em busca de um martelo e alguns pregos. As opções eram bastante restritas. Hoje em dia, há uma enorme indústria de materiais de construção, com lojas fora de cidade, parecidas com hangares de avião, vendendo todo o necessário para que você mesmo realize o trabalho.

Trinta anos atrás o cidadão declarava o imposto de renda com papel, lápis e calculadora ou contratava um contador para cuidar disso. Atualmente, tem-se à disposição o software financeiro Intuit's Quicken. Criada em 1983, a Quicken ainda é uma empresa-estrela, tendo vencido determinada concorrência contra a Microsoft. O Intuit vale aproximadamente 12 bilhões de dólares.

Gatilho 18. Personalizado *versus* não personalizado

Tudo pode ser personalizado, e, mais cedo ou mais tarde, tudo será. O computador *pessoal* abriu as comportas. Se o seu setor apresentar espaços vazios para produtos personalizados, seu negócio-estrela está à espera.

A Dell Computer fornece apenas computadores pessoais *personalizados* diretos e não faz mais nada.

Gatilho 19. Pacote *versus* foco e subtração

Em uma nova categoria, principalmente com clientes recém-definidos, um serviço oferecido em pacotes pode criar um novo negócio-estrela. Nos Estados Unidos, a Zeneca fez isso nos seus centros de tratamento de câncer Salick, juntando todos os tipos de tratamentos de que os pacientes poderiam precisar. De modo discutível, a Microsoft adotou a mesma estratégia envolvendo o Microsoft Office e o Microsoft Explorer (ainda que alguns reclamem que a Microsoft simplesmente procurou reforçar seu monopólio de nicho com quaisquer produtos que fossem necessários).

Por outro lado, quando uma indústria-líder fornece uma grande variedade de produtos ou serviços, costuma existir margem para um produto ou serviço especial, que será o melhor em sua área; e seu foco será dirigido para ele.

O foco é de longe o melhor modo de criar um novo empreendimento-estrela. A Compaq fez isso com computadores pessoais de negócios. A Intel, agora a quinta marca mais valiosa do mundo, construiu sua fortuna com base exclusivamente no microprocessador. A Intel criou o primeiro microprocessador, e se comprometeu tanto com seu novo empreendimento-estrela, que encerrou suas operações de circuitos integrados de memória de computador, passando a se concentrar totalmente nos microprocessadores.

Kevin Plank, atleta da Universidade de Maryland, desenvolveu o seu empreendimento-estrela, Under Amour, criando o segmento da "roupa de baixo atlética", com artigos de vestuário idealizados para minimizar a saturação de suor.

A Boston Chicken criou um novo empreendimento-estrela vendendo frango assado para levar para casa ou para o serviço. Quando a Boston Chicken se diversificou, passando a oferecer outros tipos de carnes, e se tornou a Boston Market, a queda para o esquecimento teve início. A Boston Chicken começou subtraindo outros tipos de carnes e prosperou. Porém, terminou *acrescentando* outros tipos de carnes, e pereceu.

O McDonald's começou *subtraindo* o cardápio do café não relacionado aos hambúrgueres, e prosperou. Mas se prejudicou mais do que se beneficiou desde que começou a acrescentar frango, salada e outros itens ao seu cardápio.

A *subtração* é um modo inacreditavelmente poderoso de criar um empreendimento-estrela. A BlackBerry pegou o computador pessoal e subtraiu tudo, exceto a função de correio eletrônico. Resultado: um dispositivo de *e-mail* móvel e um grande empreendimento-estrela.

Que nova categoria você pode criar por foco e subtração?

Gatilho 20. Usuários experientes *versus* usuários inexperientes

Apenas programadores qualificados eram capazes de operar os computadores de grande porte; mas até eu posso usar um computador pessoal.

Em geral, os cálculos financeiros necessitavam de peritos para manipular programas lentos e complexos. A VisiCalc inventou a planilha eletrônica, acessível a qualquer profissional. A Lotus Development Corporation então introduziu uma planilha mais poderosa, a Lotus 1-2-3, que podia ser processada em qualquer máquina compatível com IBM (a VisiCalc só podia ser usada no Apple II). Assim, a Lotus rapidamente se tornou a planilha-estrela; a Lotus Development Corporation passou a ser a empresa dominante e, durante vários anos, foi maior e mais lucrativa que a Microsoft.

Os vinhos costumavam ser produtos intimidadores, mas as marcas populares os tornaram acessíveis.

Os *best-sellers* para todos os tipos de leitores eliminaram o medo da aprendizagem.

Você conhece uma categoria em que os produtos ou os serviços existentes demandem demasiado conhecimento do usuário que poderia ser transformado em mercado de massa?

Gatilho 21. Uso centralizado *versus* uso descentralizado

Os usuários de acesso inexperientes — sempre um conjunto maior de clientes — muitas vezes acompanham a descentralização da maneira pela qual um produto é utilizado. Na época em que a Xerox dominou o mercado da fotocópia, as máquinas costumavam ser mantidas em um departamento de serviço centralizado. Então, a Gestetner começou a vender máquinas copiadoras muito mais baratas, que podiam ser utilizadas em qualquer pequeno escritório. Em seguida, a Canon e a Ricoh fecharam o círculo, comercializando copiadoras pequenas e ainda mais baratas, levando aquele mercado a um declínio terminal.

Gatilho 22. Custo total *versus* preço inicial

Os ônibus costumavam ser comprados com base no preço do veículo. A oferta de menor preço ganhava. O problema com isso era que as autoridades municipais muitas vezes acabavam com veículos enferrujados e pouco confortáveis, que emitiam muita fumaça e quebravam com freqüência. Os reparos, a manutenção, o tempo parado e o alto consumo de combustível muitas vezes mostravam que um ônibus barato acabava custando mais caro que um ônibus de melhor qualidade. Foi quando a North American Bus Industries (NABI) teve a idéia de desenvolver ônibus feitos de fibra de vidro, e não de aço. De acordo com a NABI, seus veículos mais leves custam muito menos para dirigir, têm mais espaço interno, necessitam de muito menos manutenção e são mais "verdes".

Gatilho 23. Primeiro lugar *versus* terceiro lugar

O primeiro lugar é a casa, o segundo é o trabalho e o terceiro é o local para relaxar e encontrar pessoas. O clube, o bar, a igreja.

Se o mercado em que quer entrar atende a casa, você poderá criar uma categoria mudando o uso de produto para o "terceiro lugar"? O Starbucks começou vendendo grãos de café para moagem em domicílio, antes de perceber que o "terceiro lugar" — cadeia de lojas com locais para se acomodar — proporcionava um lucro muito maior.

Outros inovadores mudaram um produto do "terceiro lugar" para o "primeiro lugar"; por exemplo vendendo refeições prontas de alta qualidade para cozinhar em casa. A Domino's virou uma estrela depois de se tornar a primeira grande rede a fazer entrega domiciliar de pizza. A Papa Murphy's encontrou outro caminho para o estrelato, fornecendo pizzas "pré-assadas", para terminarem de assar no forno de casa.

Em aluguel de vídeos, a Blockbuster se tornou a estrela dominante quase em todo lugar.

Em vez de academias, por que não um programa de exercícios domésticos?

Gatilho 24. Segundo lugar *versus* terceiro lugar

Uma pequena empresa que conheço, que aluga escritórios de terceiros e tem de pagar por salas de conferência, envia seu pessoal para um Starbucks para suas reuniões! As videoconferências substituem o local de trabalho por auditórios de hotéis. Será que você pode pensar em outra inovação que substitui um local de terceiros pelo local de trabalho, ou vice-versa?

Gatilho 25. Próprio *versus* alugado *versus* parcialmente próprio

Se o padrão do setor é alugar máquinas, você pode criar uma nova categoria vendendo-as? Enquanto a Xerox insistia em alugar fotocopiadoras, a Canon passou a vendê-las. Na Grã-Bretanha, Margaret Thatcher acumulou grande capital político vendendo imóveis pertencentes ao Estado, alugados por valores mínimos, permitindo que milhões de pessoas de baixa renda passassem a ter casa própria.

Agora, o que está na moda em termos de inovação é a propriedade fracionária. Isso já acontecia com a propriedade compartilhada de férias. Podemos ver, hoje em dia, que essa idéia amadureceu e passou a ser aplicada a qualquer ativo realmente caro.

Em 1986, a NetJets começou a vender a propriedade fracionária de jatos particulares. Por um preço corrente de 406.250 dólares, as empresas podem adquirir um dezesseis avos de um jato, com cinqüenta horas do tempo de vôo por ano. Para as empresas, sobretudo as grandes, faz sentido possuir uma fração de um jato particular, e não um avião inteiro, já que economiza tempo e proporciona flexibilidade utilizar uma aeronave particular quando necessário por um preço muitas vezes pouco maior do que a utilização de linhas aéreas comerciais. A NetJets já é uma empresa-estrela, com receitas de 3,7 bilhões de dólares, crescendo mais de 30% por ano.

Gatilho 26. Competência restringida *versus* competência adicionada

Se pretende vender um serviço profissional, esse gatilho é para você. Será que você deve subdividir a área de competência, ou adicionar competência de outra área para criar um novo serviço?

Uma das duas iniciativas — ou ambas — pode dar certo. A maior parte das novas categorias de serviços profissionais se originou pelo estreitamento do foco, levando em consideração um mercado e dividindo-o em dois. Por exemplo, há cinqüenta anos existiam agências de relações públicas, mas nenhuma agência de "relações com o investidor" especializada, que vendesse uma empresa registrada em Bolsa de Valores à comunidade de investimento. Há dez anos, a categoria de relações com o investidor voltou a ser dividida, com agências especializadas que enfocam apenas em relações on-line com o investidor.

A Bain Capital se tornou a empresa de capital de risco mais bem-sucedida, combinando a competência tradicional dos capitalistas de risco com o *know-how* dos consultores de estratégia.

Voltando mais um pouco no tempo, o Boston Consulting Group tanto restringiu como ampliou sua área de competência. Ele criou a primeira "consultoria de estratégia", restringindo o foco da sua consultoria a questões de estratégia puramente intelectuais. Por outro lado, desenvolveu uma nova área de competência, combinando duas habilidades que tinham sido antes separadas: competência financeira e análise de mercado.

Quando Bill Bain deixou o BCG e fundou a Bain & Company, achou outra maneira de restringir e ampliar o foco simultaneamente. A Bain Company restringiu o foco trabalhando apenas com os presidentes executivos das empresas e se recusando a prestar serviços para mais de um cliente de um determinado setor. No entanto, a Bain Company ampliou sua área do trabalho incluindo tanto redução de custos como a estratégia "pura", percebendo que ambas as áreas eram essenciais para melhorar os lucros.

Gatilho 27. Orquestrando uma aliança de fornecedores

Em 1996, a AbeBooks, de Victória, no Canadá, criou um negócio-estrela, convencendo quatro livrarias a deixá-la vender os seus livros usados on-line. Atualmente, a AbeBooks é a principal fornecedora mundial de livros usados, raros e esgotados, incluindo mais de 1 milhão de títulos de 13.500 livreiros.

Gatilho 28. On-line *versus* off-line, ou um canal de distribuição diferente

Todos falam sobre a incrível expansão da internet do final da década de 1990, mas o que me espanta é quantos grandes novos negócios-estrela *ainda* estão sendo criados por inovações on-line. O fluxo não pára: muita gente vem desenvolvendo idéias frescas. Não é demasiado tarde.

Conceitualmente, é claro, a internet é somente outro canal de distribuição. Os novos negócios-estrela também podem ser criados pelo foco imaginativo em um ou vários canais específicos de distribuição, como o telefone, reembolso postal (em combinação com a internet) e vendas diretas.

Gatilho 29. Empreendedor judoca

Este é um tipo diferente de gatilho, cortesia do guru da administração Peter Drucker. A idéia é desequilibrar os jogadores principais de um mercado, convertendo sua força em fraqueza. Pensemos em uma ou duas gerações atrás. Naquela época, os locais de destaque para lojas na maioria das cidades ficavam no centro. Elas ocupavam os melhores pontos, e os compradores afluíam em multidão até lá. Atualmente, os lugares mais indicados para um ponto comercial ficam a quilômetros de distância, nos novos shopping centers. Proporcionando acesso fácil de carro, e enormes estacionamentos, os shoppings transformaram os velhos pontos das ruas centrais, outrora grandes ativos, em passivos muito caros.

Na Bélgica, a Kinepolis aplicou a mesma idéia para os cinemas. Quase todos os cinemas tradicionais eram localizados nos centros das cidades, que costumavam ser a sua força. A Kinepolis virou essa vantagem de ponta-cabeça. Ela oferece um enorme "megaplex" nos arredores de Bruxelas, com estacionamento gratuito, 7.600 poltronas enormes, 25 telas e preços mais baixos. No entanto, ganha muito dinheiro, por causa do aluguel barato e do grande volume de espectadores.

No mercado das balanças de varejo (para pesar mercadorias em lojas), as empresas-líderes nos anos de 1970 eram aquelas com grandes redes de serviços de manutenção, que consertavam ou substituíam imediatamente e na própria loja as balanças que quebravam. Nos anos de 1980, porém, essa vantagem foi transformada em desvantagem por novas empresas fabricantes de balanças eletrônicas, que custam menos e não quebram. As redes de serviço de manutenção converteram-se em um grande problema, impedindo as empresas-líderes de vender balanças eletrônicas, até que foi tarde demais.

Se você conhece bem um mercado, seria capaz de pensar em uma maneira de transformar a vantagem da empresa-líder em desvantagem?

Guardei três dos melhores gatilhos para o final.

Gatilho 30. A aposta verde

O rótulo "verde" é uma das melhores maneiras de criar uma nova categoria, pois carrega em si uma tendência de crescimento que durará por décadas e até, se os seres humanos sobreviverem, por séculos.

Em 1976, uma mãe com filhos, mas sem nenhum treino ou experiência em negócios, abriu a primeira loja Body Shop, com rótulo verde, vendendo cosméticos produzidos de modo ecologicamente sustentável e não testados em animais. Lojas verdes. Produtos verdes — todos os produtos são marcas exclusivas, e todos apresentam algum tema verde, como sabões e xampus à base de frutos naturais e ervas. A Body Shop se tornou um negócio-estrela fantástico, crescendo 50% ao ano durante duas décadas, vendendo integralmente pelo ativismo social e ambiental. Hoje, a empresa possui 1.980 lojas, atendendo 77 milhões de clientes, em cinqüenta países. Em 2006, a L'Oréal comprou a Body Shop por 652 milhões de libras (1,2 bilhão de dólares).

A roupa natural de alta qualidade é um mercado verde em que há muitos nichos desocupados. Por exemplo, apenas em 1995 alguém pensou em utilizar a lã de ovelhas merinas para produzir artigos de vestuário com estilo para atividades ao ar livre. A lã merina é uma fibra natural incrível — mais espessa e mais forte do que a lã comum, permite aos poros respirar, é quente no inverno, fresca no verão e não conserva cheiro. Além disso, possibilita a fabricação de roupa esportiva de alto desempenho atlético, mantendo-se seca sem o uso de impermeabilizantes. Jeremy Moon fundou a Icebreaker, em Wellington, na Nova Zelândia, e agora fornece seus artigos para 1.500 lojas, em 22 países.

A reciclagem oferece um potencial imenso, e muitos dos empreendimentos são excepcionalmente atraentes porque são monopólios naturais dentro da sua área de coleta, e portanto é quase certo que venham a se tornar negócios-estrela. Um bom exemplo é o Closed Loop, um sistema australiano patenteado para reciclar resíduos de plásticos utilizados na embalagem de alimentos para serem fornecidos a varejistas de alimentos. As unidades que utilizam o sistema Closed Loop estão se espalhando em todo o mundo; a última delas fica em Dagenham, perto de Londres.[13]

Uma das melhores fontes de novas idéias de negócios verdes está em Springwise.com.[14] Entre as mais recentes, incluem-se:

- ★ A EarthFriendlyMoving, empresa da Califórnia que aluga engradados ambientalmente amigáveis para mudanças, inclusive paletes feitos de fraldas descartáveis.
- ★ A Todae, de Sydney, que presta consultoria para empresas no que se refere à redução do uso de energia e água.
- ★ A BottleCycler, outro empreendimento australiano, que ajuda a indústria de hospedagem a reciclar garrafas de vidro;
- ★ A Ozocars, a primeira frota de táxis a usar carros ambientalmente amigáveis (em especial veículos "híbridos" elétricos/a gasolina); essas frotas estão surgindo em todo o mundo, junto com serviços de aluguel de carros "verdes".
- ★ Uma academia de Hong Kong, que utiliza os aparelhos de exercício para alimentar o sistema de iluminação.
- ★ Papel de parede sem vinil.
- ★ Carpetes recicláveis.
- ★ Cabides de papel recicláveis (a maioria dos cabides de arame acaba no aterro sanitário).
- ★ Casamentos "verdes".[15]

Um sábio provérbio afirma: "A boa realização é o bom negócio". A aposta verde é uma das melhores maneiras de criar um novo empreendimento-estrela. O número de nichos verdes desocu-

---

13. Os investidores do Reino Unido podem se expor ao risco em relação à Closed Loop através do investimento em Foresight 2, 3 e 4, da Venture Capital Trusts. Declaração de interesse: sou diretor não-executivo da Foresight 3 VCT.

14. Ver http://www.springwise.com/eco_sustainability.

15. Mais detalhes sobre tudo isso estão disponíveis em http://www.springwise.com.

pados para varejistas, fabricantes e prestadores de serviço é espantoso. Mas olho vivo! As brechas não durarão muito tempo.

Gatilho 31. Idéias de outros setores

Identifique um setor que apresenta uma prática específica, que parece funcionar bem. Você pode adaptar a prática a um contexto completamente diferente?

Se você tivesse feito isso há mais ou menos uma década, poderia ter identificado o mundo exclusivo do negócio de obras de arte. Os negociantes de obras de arte são extravagantes: eles vendem suas obras através de *leilão*. Não é fácil seduzir compradores qualificados em uma sala durante alguns minutos, forçando-os a disputar lances entre si. Esse processo gera preços cada vez mais altos, às vezes altíssimos. E é inacreditavelmente lucrativo para empresas como Sotheby's e Christie's, que ganham comissões sem relação alguma com seus custos. (Foi por acaso que Samuel Baker criou a Sotheby's como novo negócio-estrela no dia 11 de março de 1744, quando leiloou centenas de livros raros.)

Há cerca de quarenta anos, banqueiros de investimento aprenderam o mesmo truque. Eles fizeram aquisições hostis em leilões.

Se você houvesse utilizado a idéia de leilão antes de 1995 e a tivesse aplicado à venda on-line, poderia ter criado a eBay.

O potencial dos leilões como instrumento para a criação de empreendimentos de risco do tipo estrela está longe de se esgotar.

Se você tivesse aplicado a idéia de corretagem para outro setor antes de 2000, poderia ter fundado a Betfair.

Gatilho 32. Idéias de outros lugares

Uma grande quantidade de negócios-estrela de bilhões de dólares foram criados a partir da cópia ou adaptação de idéias de outras cidades ou países.

Anita e Gordon Roddick idealizaram a Body Shop depois de acharem uma loja semelhante em Berkeley, na Califórnia, vendendo xampus, loções e cremes para o corpo. O nome daquela loja? Chamava-se — espere um pouco — Body Shop.

À Dietrich Mateschitz ocorreu montar seu negócio-estrela quando viu condutores de tuk-tuk,* na Tailândia, bebendo uma bebida fermentada local chamada Krating Daeng, que significa "Touro Vermelho" ["Red Bull"], um nome de marca tão perfeito em inglês quanto em tailandês. Ele simplesmente patenteou aquela marca, licenciou e adaptou o produto, e promoveu-o como a primeira "bebida energética".

Howard Schultz viu cafés modernos, em Milão, vendendo diversos produtos feitos de café, e decidiu que a Starbucks devia imitá-los. Na época, a Starbucks vendia apenas grãos de café e equipamentos afins, e os proprietários rejeitaram a idéia de Schultz. Ele então deixou a Starbucks para criar uma rede de cafés chamada Il Giornale. Logo depois, Schultz comprou a Starbucks e renomeou suas próprias lojas como Starbucks.

Muitos empreendedores criaram grandes empreendimentos-estrela copiando idéias norte-americanas. Toda a indústria de *private-equity* e capital de risco européia e asiática recai nessa categoria, assim como a maior parte do resto da trilionária indústria de serviços financeiros fora dos Estados Unidos.

A australiana Janine Allis observou certas lojas de suco nos Estados Unidos e juntou 250 mil dólares australianos com amigos para abrir sua própria versão em Adelaide. Sete anos se passaram, e a Boost Juice Bars é agora um grande negócio-estrela, com mais de 170 lojas na Austrália e filiais no Chile, na Indonésia, no Kuwait e em Cingapura.

---

* Triciclo com cabine para transporte de dois ou três passageiros bastante utilizado em grandes cidades do Sudeste Asiático em que o trânsito é muito congestionado. (N. do T.)

Uma passagem aérea de volta ao mundo pode representar um investimento fantástico. Se você olhar de forma criativa, será capaz de encontrar uma idéia para um novo e grande empreendimento-estrela. Quem sabe? A sua iniciativa também pode passar a valer bilhões.

Conclusão

Faça uma pequena lista com suas idéias-estrela e tente reduzi-la a duas ou três idéias que você considera melhores.

Ótimo! Por ora, isso já é suficiente.

CAPÍTULO 10

COMO CRIAR SEU NEGÓCIO-ESTRELA II

VALIDANDO E ESCOLHENDO SEU EMPREENDIMENTO-ESTRELA

> Você construiu castelos no ar? Saiba que o seu trabalho não está perdido... Basta colocar as fundações abaixo deles.
>
> *Henry David Thoreau*

Você e seus amigos estão sentados confortavelmente? Então vamos começar. Na sua última sessão (o Capítulo 9), você elaborou uma lista para a sua idéia-estrela, o Passo 1 dos Sete Passos para o Paraíso. Agora, você vai avaliar a lista em relação aos seis passos restantes.

PASSO 2: SELECIONE UM NICHO EM GRANDE EXPANSÃO

Todas as idéias da sua lista prometem um crescimento de pelo menos 10% ao ano durante muitos anos? Se você tem dúvidas, desista da idéia.

Quanto maior o provável crescimento, melhor. Em dez anos, um crescimento anual de 30% é mais de cinco vezes melhor que um crescimento de 10%. Um crescimento anual de 50% é mais de 22 vezes melhor, e de 70% são quase 78 vezes melhor que de 10%!

Ainda mais vital que a taxa de crescimento é o tempo que ele dura. Um crescimento anual de 20% por mais de vinte anos é melhor que um crescimento de 30% por mais de dez anos (quase três vezes melhor), enquanto um crescimento de 50% por mais de vinte anos é muito melhor que um crescimento de 70% por mais de dez anos (mais de 16 vezes melhor).

O alto crescimento mantido durante muito tempo gera cifras assombrosas. Se você começar com vendas de somente cem dólares no Ano Um, e crescer 50% durante anos, você terminará com vendas de inacreditáveis 19 milhões de dólares. Assuma um retorno de 15% em relação às vendas, e admita que o negócio vale 15 vezes os lucros antes dos impostos; isto é, 43,5 milhões de dólares. Projete esse valor para mais uma década, e ele passa a equivaler a 2,5 bilhões de dólares.

Como indicador do possível crescimento de vendas e lucros, faça a si mesmo as perguntas a seguir.

- ★ *Qual é o tamanho do mercado que o seu nicho substituirá?* Se você é a Betfair, o mercado mundial de apostas. Para a cadeia Belgo, era um mercado considerável, mas muito mais modesto: o mercado londrino dos restaurantes com custo de cerca de vinte libras por pessoa.
- ★ *Que participação daquele mercado você pode esperar ganhar no fim?* Para o Belgo, talvez 1%, no máximo. Para a Betfair, o número é muito maior — talvez 50%.
- ★ *Quão clara é a definição dos clientes-alvo e qual a sua confiança de que eles preferirão o seu novo nicho ao mercado existente?*

- ★ *Quão atraentes são os benefícios do novo produto para os clientes-alvo em comparação ao que eles desfrutam no momento atual?*
- ★ *Quão lucrativa será a liderança no novo nicho? Por que a variação é causada pela nova categoria lucrativa? O quanto mais lucrativa será a liderança do novo nicho em comparação à liderança do mercado existente?*

Passo 3: Determine os clientes-alvo

Quanto mais estreito o foco do cliente-alvo, mais fácil será tanto vender o serviço como ter certeza de que o novo nicho funcionará.

Andrew Black *sabia* que gente como ele adoraria uma troca de apostas.

Bill Bain *sabia* que os presidentes executivos ambiciosos e inseguros adorariam os serviços da Bain & Company.

Quando Michael Dell era estudante na Universidade do Texas, *sabia* que pessoas como ele adorariam os sistemas de computador pessoais que ele adaptou às exigências do cliente, e vendeu diretamente. A empresa que Michael criou em 1984 com mil dólares tornou-se a maior vendedora direta do mundo de computadores, avaliada em 54 bilhões de dólares — um aumento de 54 milhões de vezes!

Há ocasiões em que, na realidade, o cliente-alvo emerge somente depois de algum tempo. Pode até ser acidental, resultado imprevisto de um *feedback* de mercado. No final da década de 1960, as vendas das *scooters* da Honda decolaram depois que alguns moradores de Los Angeles viram os empregados da empresa usando-os, e decidiram comprá-los; a Honda até então nunca imaginara que os norte-americanos comprariam as minúsculas *scooters* que ela vendiam no Japão. Quando abrimos o Belgo, não sabíamos que os nossos clientes principais seriam profissionais de criação.

No entanto, se você está decidindo entre novas idéias-estrela, ou se deve ou não lançar um novo empreendimento de risco, ter uma idéia clara do cliente-alvo é muito importante. Quanto mais indistinto o foco, menor a chance de êxito.

Depois, tenha plena certeza de *por que* eles preferirão o novo nicho ao mercado principal...

Passo 4: Defina os benefícios do novo nicho

Não podemos criar uma nova estrela sem criar uma nova categoria. O novo nicho deve ser orientado na direção dos clientes-alvo, devendo oferecer um *cesto de benefícios significativamente diferente* em relação ao mercado principal. Quanto mais os benefícios das novas categorias variarem clara e substancialmente em relação ao mercado existente, maior a chance de o novo empreendimento de risco decolar.

Há três maneiras de variar os benefícios:

★ aumentar um dos benefícios, ou mais de um, do produto do mercado principal em um grau marcante;

★ criar um novo benefício, ou mais de um, que não existem atualmente no mercado principal; e

★ subtrair os benefícios que existem no mercado principal.

Subtrair benefícios é importante porque, em geral, permite que a nova categoria reduza os custos, e/ou substitua os novos benefícios sem cobrar mais por causa da economia dos benefícios subtraídos. Subtrair benefícios é também útil para diferenciar de forma expressiva a nova categoria do mercado principal, e deixar bem claro que é para uma espécie diferente de cliente. Subtrair é às vezes a essência da inovação. A álgebra criou um novo ramo da matemática subtraindo os números. A fast-food criou uma nova categoria de restaurante subtraindo os garçons. A TaB (e depois a Diet Coke) criou uma nova categoria de cola subtraindo o açúcar.

O ideal é que você procure todas as três maneiras de variação de mercado, com os clientes-alvo em mente:

★ aumente os benefícios que realmente importam ao mercado-alvo;
★ crie novos benefícios, que atrairão fortemente para o mercado-alvo; e
★ subtraia os benefícios que não têm importância para o mercado-alvo.

A Betfair

★ elevou expressivamente o valor do dinheiro no mercado de aposta;
★ permitiu que os novos benefícios incluíssem a capacidade de apostar contra resultados e de negociar as apostas, e garantiu que as contas vencedoras não fossem encerradas; e
★ subtraiu a capacidade de apostar em lojas especializadas ou no local da prática desportiva, ou de apostar e receber o prêmio em dinheiro.

O mercado-alvo da Betfair são os grandes jogadores: profissionais e entusiastas sérios. A mudança de perfil entre o que as trocas de apostas ofereciam e o que o mercado principal oferecia foi ajustada de forma ideal ao mercado-alvo.

- ★ A obtenção de uma grande soma é essencial para um jogador ganhar. E fica muito difícil ganhar se o corretor de apostas tira 20% em cada evento. Se o sistema de troca de aposta tira apenas 1%, um jogador sério tem de ser apenas um pouco mais de 1% mais exato do que o mercado para ganhar.
- ★ É muito mais fácil apostar contra um resultado e ganhar do que apontar o vencedor. (Se houver oito cavalos em uma corrida e o jogador tiver uma opinião firme contra o favorito, ele poderá apostar contra aquele cavalo sem identificar qual dos outros sete ganhará.) Os grandes jogadores têm muito maior probabilidade de apostar contra eventos do que os pequenos jogadores. Os grandes jogadores também são hábeis em negociar apostas, que pode ser uma prática sem risco de ganhar dinheiro. Finalmente, os grandes jogadores são as únicas pessoas cujas contas são regularmente encerradas pelos corretores de apostas.
- ★ Os grandes jogadores não freqüentam lojas de aposta fora dos locais da prática desportiva e ficam mais do que felizes em apostar on-line e por telefone, e receber o pagamento por transferência bancária.

Elabore seu gráfico de combinações

É uma ótima maneira de expor tanto a extensão dos benefícios da nova categoria em relação ao mercado existente como a extensão do ajuste da nova categoria a um determinado cliente-alvo.

Primeiro, defina "os critérios de compra" do mercado no conjunto — quais, em média, são os benefícios importantes para o cliente. A Figura 10.1 mostra isso para o mercado de apostas no

Reino Unido, usando uma escala de 1 a 5, onde 1 é totalmente sem importância e 5 é essencial:

Figura 10.1
Critérios de compra referentes ao mercado de apostas

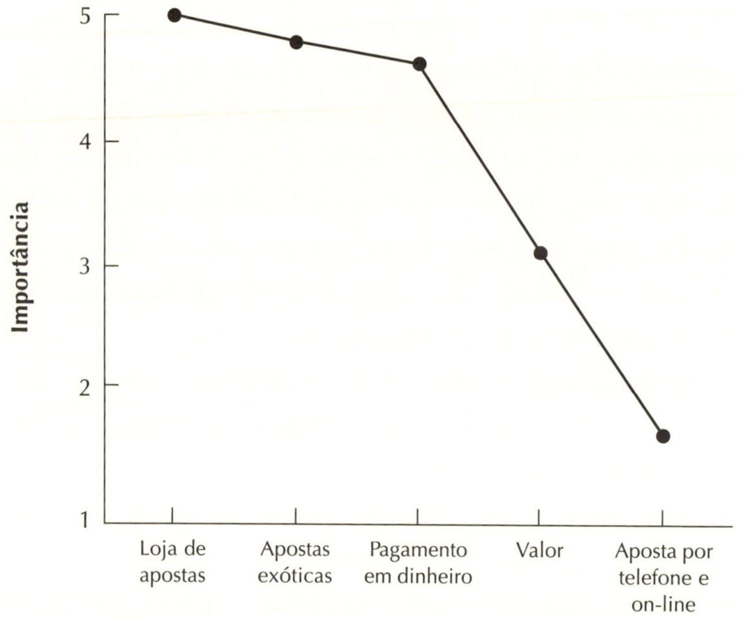

O critério mais importante no mercado britânico de apostas em massa é a atratividade das lojas de apostas: a tevê para exibir as corridas, os jornais especializados expondo locais claros e espaçosos. Quase tão importantes são as "apostas exóticas"; a capacidade de fazer apostas acumuladas (onde você aposta em diversos cavalos e ganha uma fortuna se todos vencerem seus páreos) e de apostar em previsões (não somente o vencedor, mas o segundo colocado, e assim por diante) — e o imediato pagamento em dinheiro se você ganhar. De importância menor para o mercado de massas é o valor oferecido pelo corretor de apostas. Finalmente, a capacidade de apostar por telefone e on-line não tem muita importância para o mercado principal.

Agora vamos ver em que grau os fornecedores existentes (antes de você inventar o novo nicho) satisfazem esses critérios. A Figura 10.2 revela como o mercado de massas britânico avalia o desempenho dos grandes corretores de apostas em relação aos critérios de compra. Veremos que os corretores se saem bem em todos os critérios, exceto em termos do critério de valor, em que são avaliados abaixo da importância do critério.

Agora vem a parte divertida. Criamos um gráfico semelhante ao da Figura 10.1, mas o elaboramos para os clientes-alvo que temos em mente em vez de para o mercado principal. Os clientes-

Figura 10.2
Avaliação dos corretores de apostas tradicionais
em relação aos critérios de compra do mercado

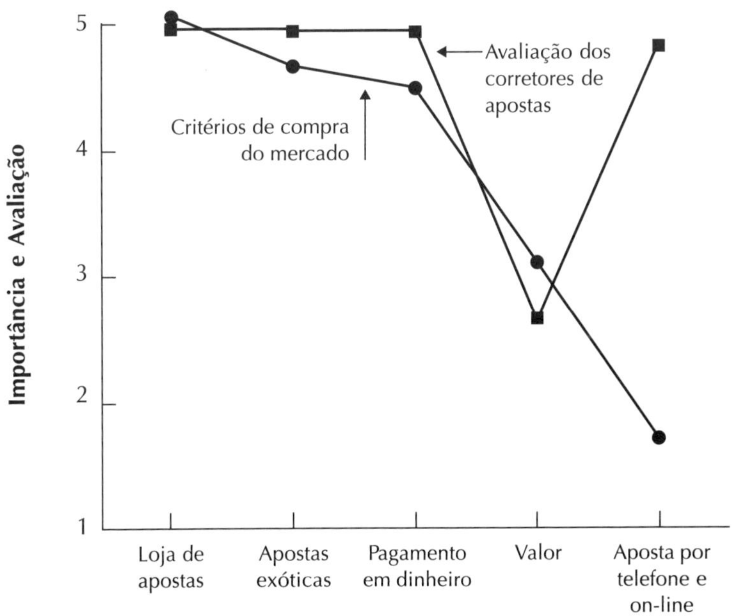

alvo de Andrew Black eram pessoas como ele: grandes e sofisticados jogadores.

A Figura 10.3 mostra como os grandes jogadores se diferenciam do mercado principal no que é importante para eles. As coisas mais importantes para os grandes jogadores são: valor, manter as contas vencedoras abertas, ser capaz de apostar contra um resultado, negociar apostas e apostar por telefone e on-line. Nenhum desses critérios tem importância para o mercado principal, com exceção do critério de valor, que é apenas moderadamente importante. E os três critérios mais importantes para o mercado

Figura 10.3
Critérios de compra dos grandes jogadores

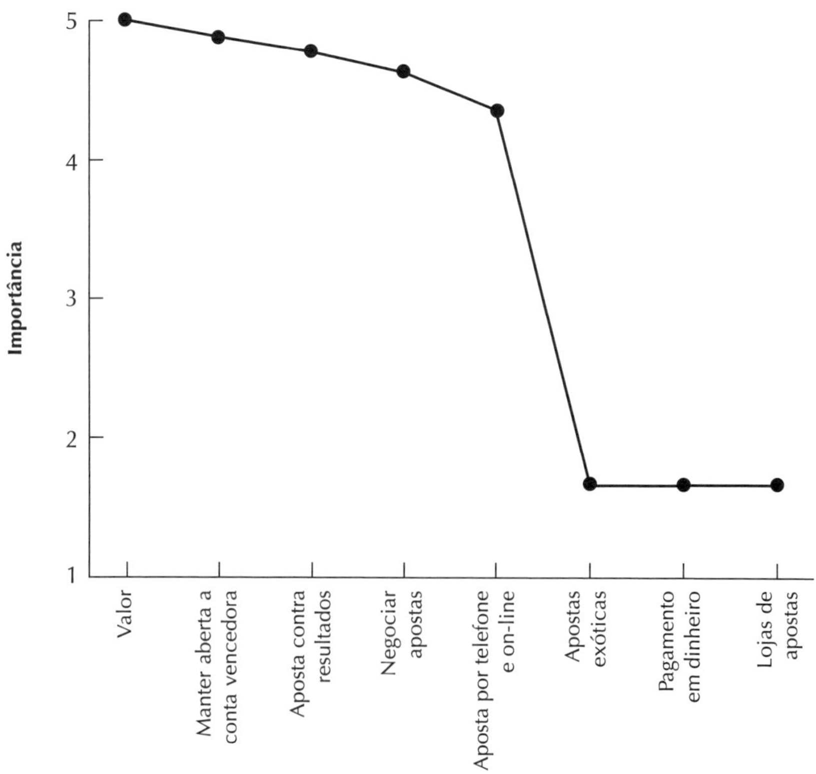

principal — lojas de apostas, apostas exóticas e pagamento em dinheiro — não têm importância para os grandes jogadores.

A Figura 10.4 complementa o quadro. Nesse caso, sobrepomos os critérios de compra dos grandes jogadores e suas avaliações em relação tanto aos corretores de apostas tradicionais como às empresas de trocas de apostas.

Podemos constatar um ajuste quase perfeito entre o que os grandes jogadores querem e o que as empresas de trocas de apostas oferecem, em contraste significativo com o péssimo ajuste en-

Figura 10.4
Critérios de compra dos grandes jogadores e suas avaliações a respeito dos corretores de apostas tradicionais e as empresas de troca de apostas

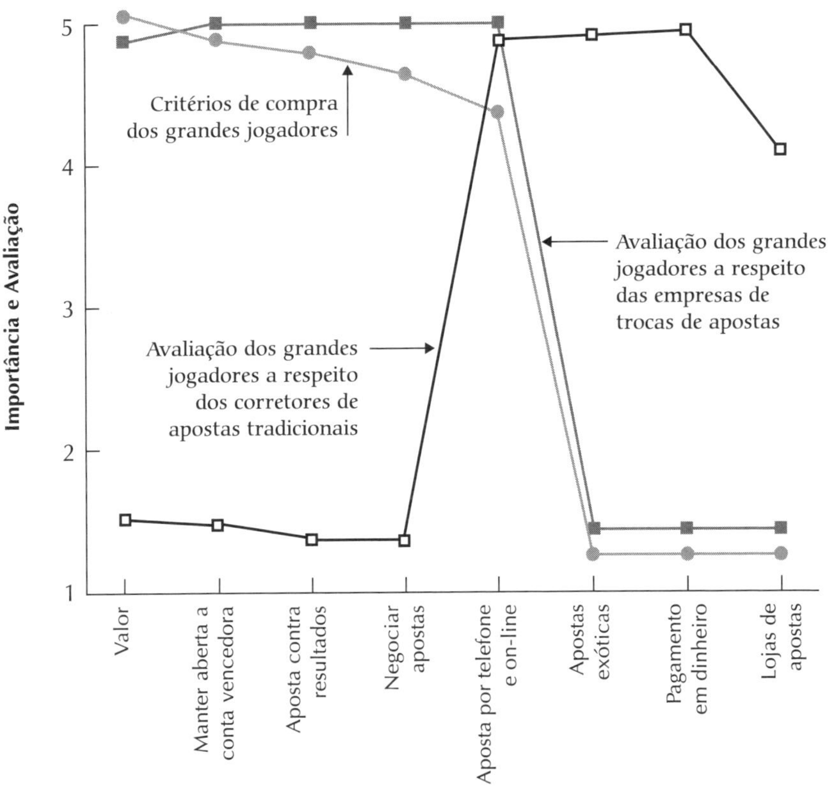

tre os critérios dos grandes jogadores e suas avaliações a respeito dos corretores de apostas tradicionais.

Sempre que houver um gráfico como o da Figura 10.4, você poderá ter certeza de que a nova categoria decolará, porque atende os critérios de compra de um grupo de clientes que não gosta do que está sendo oferecido atualmente.

Será que a Betfair fez essa análise antes de lançar seu sistema de troca de apostas? Não, não fez. Ela não precisava, porque toda a informação relevante estava na cabeça de Andrew Black. Ele sabia o que os grandes jogadores queriam e o que eles não conseguiam ter. Andrew idealizou a troca de apostas para oferecer os ingredientes ausentes.

Por que, então, fiz tanto barulho a respeito de gráficos de combinações? Porque eles são uma maneira utilíssima de pensar sobre os clientes; você propõe o alvo e os benefícios que a nova categoria fornecerá em comparação ao mercado principal.

Para criar um empreendimento de risco do tipo estrela com sucesso, três condições são necessárias.

1. Os seus clientes-alvo querem algo diferente em relação ao mercado principal.
2. Você compreende o que eles querem e pode provê-los com uma nova categoria de produto.
3. A nova categoria pode ser fornecida com lucro, porque você pode cobrar mais por ela, e/ou porque você pode subtrair elementos do produto do mercado principal que são caros de prover, para que a nova categoria apresente custos mais baixos do que o mercado principal.

A melhor forma de verificar as condições 1 e 2 é elaborar um gráfico semelhante ao da Figura 10.4. Você não precisa de dados reais para fazer isso. Comece com uma visão sobre os clientes-alvo, e concentre-se em descobrir o que eles não estão obtendo, mas gostariam de obter. Então, imagine como a nova categoria poderia prover os ingredientes ausentes. Quando você tiver um panorama claro, converse com alguns clientes-alvo para confirmar ou modificar suas suposições.

Ou trabalhe no sentido inverso e pense no que você pode fornecer que é diferente do mercado principal, e, em seguida, imagine que clientes-alvo seriam ideais para a nova categoria. Esse pensamento "reverso" — ajustando o mercado ao produto — é desaprovado pela maioria dos especialistas em marketing, mas na prática o mundo muitas vezes funciona dessa maneira. Quem sabia antecipadamente que os norte-americanos iriam gostar dos *scooters* da Honda? Ninguém da Honda. Quem sabia que as secretárias e os executivos iriam adorar os marcadores post-it? Ninguém da 3M. Quem sabia que um computador repousaria na maioria das escrivaninhas de escritório? Ninguém da IBM.

O mais interessante sobre a Figura 10.4 é que você pode fazer simulações com um grande número de mercados potenciais, categorias novas e grupos de clientes, até obter um quadro como aquele da troca de apostas. Aí você poderá ter certeza de que a idéia funcionará.

Passo 5: Assegure uma variação lucrativa

Será que os nichos potenciais da sua lista prometem uma variação lucrativa? A Figura 10.5 mostra as duas maneiras em que a variação lucrativa pode ocorrer. No novo nicho "A", o preço e o valor são os mesmos do mercado principal, mas os custos unitários são menores para o novo nicho, e o lucro, portanto, é maior. O novo nicho "B" mostra outro caminho em relação à variação lucrativa — os mesmos custos do mercado principal, mas um valor maior para os clientes e, portanto, um preço maior.

Valerá a pena criar um novo nicho somente se ele for mais lucrativo do que o mercado existente.

Figura 10.5
Variação lucrativa

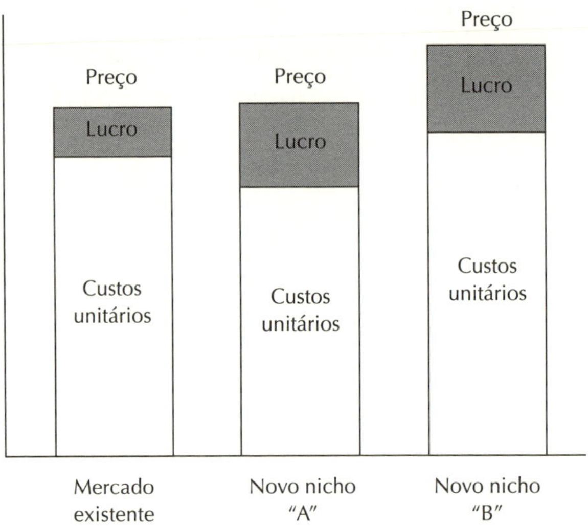

Passo 6: Dê um nome ao novo nicho

Você é capaz de pensar em um bom nome para os novos nichos da sua lista (não para a sua marca, mas para a *categoria* que você está criando)? Se a resposta é "não", isso pode indicar alguma confusão sobre as reais vantagens do nicho e a sua diferença em relação ao mercado principal.

Um bom nome de nicho:

★ é curto;
★ é de fácil compreensão;

★ descreve o nicho;
★ é único — não copia nenhuma outra descrição de nicho, e não pode ser confundido com nenhum outro nome; e
★ será utilizado por todos os concorrentes para descrever o nicho.

"Troca de apostas", "organizador pessoal", "restaurante de hambúrgueres", "circo moderno", "bebida de cola", "loja de conveniência", "cerveja *light*", "bebida energética", "analista de jogo", todos esses nomes qualificam uma categoria.

Nomes concorrentes para a mesma nova categoria — "organizador eletrônico", "assistente digital pessoal (PDA, na sigla em inglês)", "computador portátil" — são um sinal claro de falta de idéia.

Passo 7: Dê um nome à nova marca

Se você estiver certo sobre o novo nicho — seu grande crescimento, mercado-alvo e benefícios — e o motivo pelo qual a variação é lucrativa, então não será essencial decidir o novo nome de marca nesse momento. Se você for capaz, ótimo. Se estiver tentando decidir entre dois novos empreendimentos-estrela igualmente atraentes e conseguir imaginar um grande nome de marca em um caso, mas não no outro, isso poderá pender a balança com respeito à sua decisão.

O nome deve:

★ ser curto (duas sílabas ou, de preferência, uma);
★ soar agradável;
★ ser forte;
★ ser fácil de memorizar;
★ ser fácil de verbalizar;

★ único e original (diferente de qualquer outra marca);
★ remete ao nicho.

Agora faça a sua própria lista de nomes de marca, semelhante à Figura 10.6 a seguir, e avalie as suas sugestões com marcas de revisão e cruzes.

Figura 10.6
Avaliação do nome de marca

Marca	Curto	Soa agradável	Forte	Fácil de memorizar	Fácil de verbalizar	Único	Remete ao nicho
Red Bull	Sim	Sim	Sim	Sim	Sim	Sim	Sim
Quicken	Sim	Sim	Sim	Sim	Sim	Sim	Sim
Intel	Sim	Sim	Sim	Sim	Sim	Sim	Sim
Belgo	Sim	Sim	Sim	Sim	Sim	Sim	Sim
Betfair	Sim	Sim	Sim	Sim	Sim	Sim	Sim
Filofax	Sim	Sim	Sim	Sim	Sim	Sim	Sim
Coca-Cola (Coca)	Sim	Sim	Sim	Sim	Sim	Sim	Sim
7-11	Sim	Sim	Sim	Sim	Sim	Sim	Sim
Toys "R" Us	Sim	Sim	Sim	Sim	Sim	Sim	Sim
McDonald's	Sim	Sim	Sim	Sim	Sim	Sim	Sim
Jeep	Sim	Sim	Sim	Sim	Sim	Sim	Sim
Ford	Sim	Sim	Sim	Sim	Sim	Sim	Não
Starbucks	Sim	Sim	Sim	Sim	Sim	Sim	Não
Nokia	Sim	Sim	Sim	Sim	Sim	Sim	Não
Rolex	Sim	Sim	Sim	Sim	Sim	Sim	Não
Flutter	Sim	Sim	Não	Sim	Sim	Sim	Não
Wal-Mart	Sim	Não	Não	Não	Sim	Sim	Não
KMX[1]	Sim	Não	Não	Não	Sim	Sim	Não
Duryea[2]	Sim	Não	Não	Não	Não	Sim	Não
Gablinger's[3]	Não	Não	Não	Não	Não	Sim	Não
Motorola Dyna TAC 8000[4]	Não	Não	Não	Não	Não	Não	Não

1. Concorrente malsucedido da Coca-Cola ao Red Bull.
2. Duryea foi a primeira marca de automóveis dos Estados Unidos.
3. Gablinger's foi a primeira cerveja *light*.
4. O primeiro telefone celular, introduzido em 1983.
Fonte: Baseado parcialmente em Al e Laura Ries (2004), *The Origin of Brands* (Nova York: HarperCollins).

Classificando sua lista de empreendimentos-estrela

Agora é o momento pelo qual todos estávamos esperando! Se você não tem certeza de qual idéia de empreendimento-estrela escolher, resuma a atração de cada idéia sugerida na lista, de acordo com os passos que examinamos:

Figura 10.7
Avaliação final da sua lista de possíveis empreendimentos-estrela

Idéias sugeridas na lista	Taxa provável de crescimento do nicho	Clientes-alvo evidentes	Benefícios do nicho	Variação lucrativa	Nome de nicho satisfatório	Marca satisfatória

Classificação da oportunidade

(1)
(2)
(3)

Distribua uma das três marcas de revisão para cada idéia de acordo com os seis tópicos de avaliação. Em seguida, determine a classificação geral dos possíveis empreendimentos-estrela.

Você tem a sua idéia agora? Então vá e brinde aos seus milhões vindouros! Isso foi precisamente o que os meus amigos André e Denis fizeram, depois que concordamos que o Belgo seria um empreendimento-estrela, antes que eles começassem a construí-lo. Alguns chamariam isso de "arrogância". Chamo de "confiança justificada no poder da idéia-estrela". Se o projeto satisfaz as regras que estabelecemos, haverá um jeito de fazê-lo funcionar. Se você não tiver certeza sobre a idéia, espere até encontrar algo que o faça transbordar de confiança. Guarde sua energia para a melhor idéia que puder achar, aquela que o deixará estimulado e seguro.

CAPÍTULO 11

BENEFÍCIO A PARTIR DA ESTRELA DE ALGUÉM

> O segredo da criatividade é saber como ocultar suas fontes.
>
> *Albert Einstein*

Este é um capítulo curto, mas a brevidade é a alma da prosperidade. Aqui você aprenderá como se comportar em relação a um negócio-estrela já criado, e obter um sucesso imenso com mais ou menos pouco esforço.

Você não precisa começar um empreendimento-estrela para desfrutar dos seus benefícios. É muito mais fácil aproveitar a idéia de alguém e adicionar sua iniciativa. Lógico que o grau de recompensa ao esforço será muito maior se você descobrir um negócio-estrela — bem cedo — em vez de começar um.

O mais maravilhoso em descobrir uma estrela é que isso pode ser bastante fácil; desde que você saiba o que procura. Eu não investi na Betfair quando ela começou, mas alguns meses depois, quando a empresa já estava crescendo rapidamente. Para mim, era sem dúvida uma empresa-estrela, e investi tanto dinheiro quanto os fundadores me permitiram. Até agora, obtive um retorno de 53 vezes o meu investimento original, e mais dinheiro do que todos os outros lucros meus reunidos. Beneficiei-me a partir da estrela de alguém. Eles tiveram a idéia, levantaram o dinheiro necessário e lançaram o negócio. Eles comprovaram o conceito na prática, geraram um crescimento enorme, semearam e colheram intensamente. Mas eu colhi intensamente também.

Você também pode. Nem mesmo tem de ser um investidor, mas, se você puder aplicar algum dinheiro que esteja sobrando em uma estrela, é muito provável que isso se mostre uma decisão sábia. A maioria de nós trabalha para viver. Por que não trabalhar para um empreendimento-estrela recém-nascido? Há duas enormes vantagens.

A primeira é *diversão*. Como um dos primeiros funcionários, você será importante. Terá um papel relevante em tornar o negócio um sucesso, se sentirá parte do empreendimento, e ele se sentirá parte de você. Juro que não há nada mais divertido. Sim, às vezes será frustrante. Sim, você trabalhará muito. Sim, ele vai se intrometer na sua vida privada. Sim, ele testará os limites das suas capacidades. Sim, será intenso. Mas você estará engajado. Assim, ficará fascinado e nunca se sentirá entediado.

Você fará algumas das amizades mais importantes, intensas e duradouras da sua vida. Se estiver disponível, haverá uma boa possibilidade de encontrar sua cara-metade no empreendimento, e você conhecerá seu caráter básico antes de se comprometer (não me pergunte por que tantas grandes relações começam em empreendimentos-estrela; sei apenas que isso acontece). Você não sentirá que está trabalhando para alguém, mas sim para um grande esforço compartilhado com seus colegas. Em resumo, você *viverá*, pulsará com muita energia. Você será cativante e se sentirá satisfeito.

Agora, vamos falar do *dinheiro*. É quase certo, se você for perspicaz, que fará muito mais dinheiro em uma estrela do que em um emprego comum. Para ser franco, logo no início do negócio não irá ganhar muito. Em geral, os pequenos empreendimentos de risco costumam pagar menos. Logo, contudo, quando a estrela começar a ir muito bem, a remuneração e os benefícios deverão ficar muito generosos — nesse quesito, em meu caso, nunca superaram a Betfair, onde todos os empregados passaram a ter férias anuais de seis semanas e a ganhar muito bem logo que a firma alcançou o ponto de equilíbrio e começou a transbordar de dinheiro. A remuneração real, entretanto, vem das opções de ações e da capacidade de adquirir ações da empresa. A maioria das companhias novas dá opções aos seus primeiros funcionários. Eles não têm de pagar por elas até que ganhem valor; portanto, poderão ganhar dinheiro de verdade sem assumir risco algum.

Poderá haver desvantagens, contudo. Você não deve ingressar em um empreendimento-estrela se for preguiçoso, introvertido, não estiver bem de saúde, não quiser se comprometer, estiver cansado da vida ou vivendo um relacionamento problemático (ele não sobreviveria à competição!). Caso contrário, só haverá vantagens.

Se você tiver uma ambição normal e interesse no trabalho, irá se sentir muito mais feliz e mais saudável se ingressar em um novo negócio que já é estrela. A questão não é se você deve trabalhar em um negócio-estrela, mas como encontrá-lo.

O que está procurando? Um empreendimento recém-nascido. Algo jovem e pequeno: com menos de vinte empregados, se você procura um emprego; e algo demasiado pequeno ou não testado para atrair investimento profissional, se você é investidor.

★ Um negócio recém-nascido de crescimento muito rápido. Qualquer pequeno negócio crescendo muito rápido provavelmente será uma estrela. Todo negócio-estrela crescerá depressa. Portanto, o crescimento é um bom primeiro indicador de qualquer negócio recém-nascido que você encontre.

★ Uma idéia original. Um negócio recém-nascido que encontrou uma brecha no mercado — o criador de uma nova forma de fazer negócio. Um empreendimento-estrela estará fazendo coisas de maneira diferente.
★ O recém-nascido é líder. Na sua brecha, na sua própria arena de negócios, é o maior. Pode ter um ou dois imitadores ainda mais novos, mas mais provavelmente ainda é único.
★ Os clientes do recém-nascido são diferentes. Você pode perceber por que o negócio recém-nascido atrai determinados clientes, que não podem obter nada tão atraente para eles em outro lugar.
★ Um negócio recém-nascido que você pode imaginar se tornando extremamente lucrativo quando crescer. Deve haver muitas razões econômicas do motivo pelo qual o negócio, quando alcançar o tamanho possível, terá margens expressivas. Os seus custos devem ser muito mais baixos do que o modo convencional de fazer o negócio, ou os seus preços devem ser mais altos; ou ambos.

Como encontrar sua estrela

★ Mentalize isso todos os dias. Ao acordar, diga para você mesmo: "Hoje, vou procurar a minha estrela". Se você faz listas de tarefas, ponha essa em primeiro lugar.
★ Mantenha seus olhos e ouvidos abertos. Em todos os momentos do dia, procure sua estrela. Assim que você se conscientizar dessa procura, as estrelas aparecerão.
★ Afixe um letreiro. No trabalho, em casa, coloque um letreiro: "Encontrar minha estrela", e ponha-o onde todos possam vê-lo; as pessoas irão perguntar o que ele significa. Desperte o interesse delas. (Se o seu chefe quiser saber, diga-

lhe que você está procurando uma grande nova idéia ou amigo. Isso é verdade, e não lhe causará problemas.)

- ★ Consulte os websites. A internet nos leva a mágicas viagens de mistério. Enquanto você navega pelos sites das pequenas empresas, pense: "Essa não tem a característica de um empreendimento-estrela?".
- ★ Pergunte os seus amigos. Cada vez que você vir ou telefonar para um amigo que não encontra há algum tempo, pergunte se ele não sabe de um novo negócio "parecido com...".
- ★ Crie uma Aliança de Estrela com dois ou três amigos, dedicada a descobrir uma estrela. Escolha pessoas em quem você realmente confia, que também querem encontrar uma estrela. Encontrem-se com freqüência para avaliar o progresso.

O que fazer a seguir

Que atitude tomar quando achar um negócio recém-nascido no qual você vir um potencial de estrela?

- ★ Converse com os envolvidos. Encontre uma razão para falar com todos pertencentes ou ligados à empresa, manifeste seu interesse e aprenda mais.
- ★ Preste um favor a eles. Se você puder, compre algo deles. Indique-os para outros clientes. Dê conselhos de como se expandir.
- ★ Discretamente verifique se é de fato uma estrela. Faça algumas perguntas sugeridas na seção acima, onde eu pergunto "O que você está procurando?".
- ★ Realize um trabalho que você pode de fazer para eles. Não espere que abram uma vaga de emprego. Diga-lhes do que

você é capaz e por que devem eles contratá-lo. Destaque as vantagens que você trará.

★ Deixe sua marca. Depois de se juntar à empresa, realize algo no seu primeiro mês de trabalho que beneficiará de forma evidente os seus colegas e o empreendimento.

★ Verifique outra vez do interior do empreendimento se ele realmente é uma estrela. Se o negócio não estiver crescendo muito rápido, ou se as contas não fecharem de nenhuma maneira, não perca tempo. Se for de fato uma estrela, calcule o quão longe ela poderá chegar.

★ Fomente a ambição dentro da empresa. Às vezes os fundadores de uma estrela não enxergam seu potencial. Abra os olhos deles. Diga-lhes o quão valiosa a firma pode se tornar, se estendida ao seu potencial máximo. Considere se a idéia pode ser exportada a outros países e/ou franqueada. Outros canais da distribuição (como o telefone com a Betfair) ampliam o mercado?

★ Considere fazer uma oferta pela empresa. Se os fundadores realmente não percebem o potencial do negócio, junte um grupo para comprar a companhia. Lembre-se do retorno astronômico obtido por Ray depois de adquirir o McDonald's dos fundadores, quando o negócio já era muito próspero.

Conclusão

Não demorará muito para você encontrar sua estrela. Nem é difícil. Somente exige determinação, aplicação e energia.

Os benefícios são muito desproporcionais ao esforço. Desculpe o clichê, mas neste caso é verdadeiro: quando você encontrar sua estrela, sua vida nunca mais será a mesma.

Obtive satisfação, prazer e lucro financeiro enormes ao trabalhar e investir nos meus cinco empreendimentos-estrela. Cada capítulo da minha vida desde os meus 30 anos foi emoldurado por um deles. Espero que você, também, depois de experimentar os prazeres de uma estrela, continue sendo um aventureiro-estrela em série. Talvez você goste de trabalhar em uma estrela depois da outra, e construa grande reputação como empreendedor. Ou talvez, após ter trabalhado em uma estrela e ter ganho muito dinheiro com ela, prefira aproveitar a vida. Você ainda poderá investir em outras estrelas, e compartilhar as emoções, recompensas e glória sem necessidade de trabalhar nelas.

CAPÍTULO 12

ESTRELAS FALSAS

Fuja do desastre antes de ser apanhado por ele.

Homero (*A Ilíada*)

Mark Allin e Richard Burton criaram a Capstone, seu empreendimento de edição de livros, com muitas esperanças. Falsa modéstia à parte, eles sabiam que eram editores excelentes, com muita experiência adquirida em duas editoras gigantes. Posso atestar a capacidade de Mark Allin de obter lucros, desde que ele me deu a idéia para escrever *The 80/20 Principle*, meu livro mais vendido. Richard e Mark imaginaram a Capstone como um empreendimento-estrela, líder em uma nova categoria de "livros de negócios exóticos". Eles me convenceram de que a idéia era plausível, e me tornei seu patrocinador financeiro. Calculei que fazia "uma aposta de placê"* — ou o negócio-estrela se materializaria ou, na pior das hipóteses, eles publicariam alguns *best-sellers*, tornando a Capstone altamente lucrativa.

O negócio pareceu começar bem. Mark e Richard encomendaram diversos títulos; livros de autores interessantes e temas atuais.

---

* Sistema de apostas que premia o jogador que tenha apostado em um cavalo para primeiro ou segundo lugar. (N. do T.)

O produto parecia excelente, com design moderno e diferenciado. Mark e Richard estavam cheios de idéias e entusiasmo, muito confiantes, estimando vendas que nos trariam bons lucros.

As previsões, porém, nunca se materializaram. Sempre que víamos os números ficávamos desapontados. Continuei injetando recursos, e o dinheiro continuou desaparecendo. Até hoje, não sei por que os livros não venderam nas quantidades que esperávamos. A explicação preferida foi a debilidade da força comercial — sem sombra de dúvida, era difícil criar do zero um bom sistema de distribuição. Talvez eles apenas não tenham tido a sorte de escolher títulos capazes de fazer sucesso estrondoso. Qualquer que seja a razão, no entanto, a Capstone foi um buraco negro financeiro.

Lembro-me de uma reunião bastante difícil na minha casa em Richmond, mais ou menos três anos depois da criação da editora. Richard e Mark pediram um novo empréstimo para encomendar novos títulos. Tive de dizer "não". Foi preciso enfrentar fatos. A Capstone não era uma estrela; a categoria de "livros de negócios exóticos" não se estabelecera. A Capstone não tinha força na arena dos livros de negócios. A editora não possuía nenhum dos atributos financeiros de uma estrela. Se ela parecia um cão, se comportava como um cão e ladrava como um cão, decerto era um cão.

Podíamos alterar nossas ambições em relação à Capstone e torná-la uma estrela patrocinando uma nova categoria? Pensamos bastante e durante muito tempo, mas não chegamos a uma idéia convincente.

Pedimos para Robin Field, que havia feito um grande trabalho dirigindo a Filofax, se tornar o presidente provisório de Capstone. Robin confirmou o nosso diagnóstico. Devíamos fazer duas coisas, ele disse. Uma, manter o máximo possível de dinheiro em caixa, cortando o capital de giro e publicando menos livros. Dois, vender o negócio.

Pelo menos tínhamos algo para vender. Embora não fosse um negócio-estrela, Richard e Mark haviam criado uma marca com ressonância e valor. Por sorte, uma grande editora internacional concordou com isso: vendemos a Capstone para a John Wiley. A Capstone ainda existe como uma divisão da Wiley. Recuperei todos os meus empréstimos e juros e tive um retorno de quase nove vezes em relação ao meu patrimônio líquido. Mark e Richard ficaram bem, apesar da venda, e continuaram dirigindo com satisfação a Capstone para seus novos proprietários.

Richard, mais tarde, saiu para começar outro negócio, a Infinite Ideas, que dá a impressão de ser um verdadeiro empreendimento-estrela. A Infinite Ideas criou um segmento único, lucrativo e de crescimento rápido, publicando livros práticos, com sugestões para melhorar a vida das pessoas, em assuntos como *Beat Back Pain* [Vença a dor nas costas] e *Healthy Cooking for Children* [Cozinha saudável para crianças]. O conteúdo de livro então é reciclado mediante negócios com grandes empresas. Por exemplo, 60 mil cópias do pequeno livro *Detox* [Desintoxicação] foram incluídas em pacotes de chá descafeinado Tetley; e o livro *Secrets of Wine* [Segredos do vinho] foi adaptado para a empresa de turismo vinícola Grape Escapes. A Infinite Ideas detém os direitos autorais exclusivos dos conteúdos, e assim tem liberdade para republicá-los com altas margens.

Ainda que não tenha sido um desastre financeiro, a história da Capstone foi salutar. Revela como é fácil ser otimista em excesso. Mostra a importância de acompanhar o fluxo de caixa, e de ter uma pessoa responsável pelas finanças integrando a diretoria (nunca fizemos isso). Demonstra que iniciar um novo empreendimento, mesmo com grandes executivos, pode ser mais difícil do que se imagina. Indica que vender um negócio jovem (sem potencial de estrela) pode ser infinitamente preferível à injeção de mais dinheiro nele. Também mostra que a gerência de um empreendimento não-estrela pode ser muito educativa e prenunciar uma experiência empresarial muito melhor.

No entanto, a lição na qual quero concentrar-me neste capítulo é apenas esta: nem todos os empreendimentos que pretendem ser estrelas resultam em estrelas. Como você diagnostica uma estrela falsa? O que você faz quando sua "estrela" não consegue decolar?

Anatomia de uma estrela falsa

Na estrela falsa, a definição de negócios não se estabelece; a nova categoria (tal como "livros de negócios exóticos") não é um nicho viável. Pode ter havido uma brecha no mercado, mas não havia um mercado lucrativo na brecha.

Não há nenhuma vergonha nisso. Você só descobre testando a idéia no mercado. Quem tem certeza no início? Houve muitos projetos e invenções maravilhosos que nunca encontraram um mercado de tamanho suficiente para ganhar dinheiro. Quem poderia garantir, antes do evento, que os restaurantes exóticos Belgo funcionariam e que os livros exóticos da Capstone não? Não tenho essa competência e não conheço ninguém que a tem.

As estrelas falsas podem ser impossíveis de se reconhecer no início. No entanto, pouco tempo depois de um empreendimento entrar em funcionamento, torna-se fácil identificar.

- ★ A nova categoria não resulta ser suficientemente diferente do mercado principal.
- ★ Ela não desenvolveu uma estrutura de clientes entusiásticos, que são reconhecidamente diferentes do mercado principal.

- ★ Ela não está crescendo com muita rapidez. Em geral, a estrela falsa não tem nenhum imitador, e a própria estrela falsa, depois de uma explosão inicial, não cresce mais todos os meses.
- ★ Ela não é muito lucrativa. Tudo bem, nenhum negócio vai ser lucrativo no primeiro dia de atividade. No entanto, o ponto de equilíbrio projetado da estrela falsa continua regredindo. Se você extrapolar o crescimento das vendas da estrela falsa, ele nunca alcançará o ponto de equilíbrio. Os custos da estrela falsa não são menores que aqueles do mercado principal, e seus preços não são maiores.

E SE VOCÊ ESTIVER EMPREGADO EM UMA ESTRELA FALSA?

Logo que você percebe que sua "estrela" é realmente um ponto de interrogação ou um cão que se arrasta, considere se a firma pode evoluir para uma estrela (ver o Capítulo 14).

Convença os donos de que a estratégia atual não está funcionando. Tente desenvolver um novo caminho para o estrelato.

Se os proprietários não o escutarem, ou a tentativa não funcionar, procure um emprego em uma estrela verdadeira. Você sentirá a pressão dos colegas. A separação é sempre confusa, mas suas energias serão mais úteis e eficazes em uma verdadeira estrela. O que há de errado com o talento que se dirige para onde ele pode se manifestar?

E SE VOCÊ INVESTIU EM UMA ESTRELA FALSA?

Empenhe-se em transformar o empreendimento em uma estrela verdadeira. No momento, a estrela falsa tem pouco valor. Se você for capaz de encontrar um novo nicho para dominar — um que realmente decola e cresce —, ficará rico.

Contudo, seja realista. Se não conseguir imaginar uma nova categoria viável, conveniente para o empreendimento, ou se você tentar e voltar a falhar, haverá só uma saída: vender o negócio enquanto for possível, enquanto ele ainda parecer ter um potencial não cumprido. Já que o negócio não satisfaz as expectativas, venda-o na esperança.

Felizmente, a maioria dos compradores potenciais não pensa em termos de estrelas, estrelas falsas e não-estrelas. Um rival maior pode considerar sua estrela falsa um pequeno empreendimento interessante que pode ser aperfeiçoado pelo acesso aos pontos fortes do comprador (talvez sua participação de mercado, sua força comercial, sua pesquisa e desenvolvimento, sua manufatura). A Wiley achou que sua força comercial poderia vender muito mais exemplares de livros da Capstone do que a Capstone sozinha seria capaz, e que isso iria cortar os custos administrativos da Capstone. Tudo o que você tem a fazer é esperar que os potenciais compradores acreditem na sinergia. Se isso acontecer, pegue o dinheiro e desapareça.

Se a estrela falsa não puder ser vendida, procure gerar caixa. Não ponha mais dinheiro — ele ficará preso e nunca escapará (daí a expressão *"cash trap"* ["armadilha de caixa"]). Tire o dinheiro, mesmo se isso condenar o empreendimento.

Utilize seus recursos financeiros para estrelas verdadeiras, e não para sustentar estrelas falsas doentes.

Não-estrelas

Em geral, uma "não-estrela" não é uma estrela falsa, mas simplesmente uma de outras posições relativas à matriz do BCG — um cão, ponto de interrogação ou vaca leiteira.

A vaca leiteira é líder na sua categoria, mas a categoria não está crescendo rápido. Desde 1993, tenho um empreendimento hoteleiro, agora chamado Zola Hotels, que é uma vaca leiteira. O negócio detém um nicho viável e único baseado nas habilidades dos dois hoteleiros que o dirigem. O Zola assume hotéis mal gerenciados, que são os maiores na sua categoria localmente, constrói novos quartos e logo volta a vender os estabelecimentos. O Zola é um empreendimento bom e lucrativo; o dinheiro que investi quadruplicou. No entanto, o mercado é relativamente pequeno e limitado pela falta de tempo dos dois hoteleiros.

Se você for dono de uma vaca leiteira, é quase certo que terá uma vida boa, mas duvido que fique rico de verdade. O máximo que os empregados poderão esperar é viver com conforto.

Figura 12.1

Participação relativa de mercado

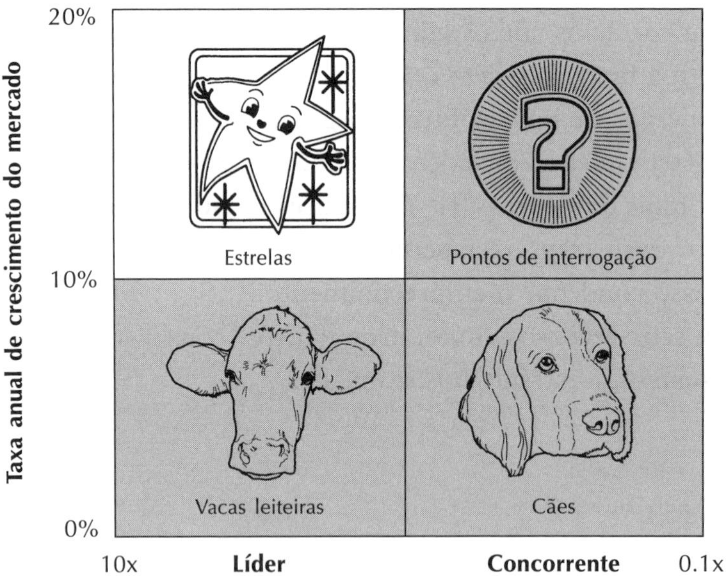

$$\frac{\text{Suas vendas no nicho}}{\text{Vendas do maior rival ou do rival seguinte do nicho}}$$

Uma empresa ponto de interrogação funciona em um mercado em crescimento rápido, mas não é a líder. O valor do empreendimento-ponto de interrogação depende das perspectivas de superar a empresa-líder. Se for uma empresa ponto de interrogação fraca, como era a Capstone, as possibilidades serão quase nulas. No entanto, se a ponto de interrogação não está muito atrás da empresa-líder e conquista mercado rapidamente, poderá se converter em uma estrela. Se não conseguir, os investidores e os empregados estarão perdendo seu tempo.

Levando em conta metáforas zoológicas, o verdadeiro "mico" é a empresa-cão. Ela não tem nenhum valor para funcionários ou investidores!

Conclusão

Nem toda nova idéia de categoria — nem todo negócio-estrela potencial — funciona tão bem na prática como na teoria. Uma estrela que não está funcionando quase sempre é uma estrela falsa. Se você é proprietário ou funcionário, encare a verdade. Transforme o negócio em uma estrela se puder, fazendo algo radicalmente diferente. Se não conseguir, venda ou escape.

A energia deve fluir para as estrelas verdadeiras. Existem duas grandes asneiras que os empreendedores podem cometer. Uma é perseverar nas causas perdidas. A outra, um erro muito mais grave, é não concretizar o potencial maravilhosamente rico de um empreendimento-estrela.

Terceira parte

CRIAR UMA ESTRELA

CAPÍTULO 13

A ESTRELA DECOLA

> O administrador é um herói no Ocidente, mas um impostor. O conceito de administração demonstrou ser uma enorme confusão. O lado gerencial de dirigir uma empresa é trivial em comparação com a importância do lado comercial ou empresarial, ou de ter uma determinada habilidade especializada. Toda organização deve ter pessoas com habilidades relevantes para seu negócio, em vez de convertê-las em gerentes gerais.
>
> *Andrew Campbell*

Depois de ter criado um empreendimento-estrela, há mais um passo decisivo a ser dado antes de você ter um negócio valioso: a decolagem. Para fazer o negócio decolar, você e seus colegas terão de traduzir a idéia-estrela em uma *fórmula de negócios que funciona na prática*, e isso pode ser expandido indefinidamente. Em geral, a decolagem é um processo confuso de tentativa e erro, dois passos para a frente e um passo para trás, quando todos na empresa podem dar uma mão; e às vezes os movimentos mais valiosos são feitos por acaso e pelos funcionários menos graduados.

Na decolagem, vemos o *empreendedor multicabeças* trabalhando, os fundadores e os vinte primeiros funcionários fazendo de tudo para levar o empreendimento até a pista de decolagem e ganhar o céu. Todo empreendimento bem-sucedido depois rememora com um misto de orgulho e admiração os erros, o talento improvisado, as rupturas das defesas inimigas e os quase desastres que definiram o caráter da companhia: as noites sem dormir, as manhãs logo cedo; as improvisações e maquinações para obter notícias de um grande comprador; a viagem para persuadi-lo a dar um alento à empresa; o frenesi para preparar o lançamento dos primeiros produtos para esse cliente; a determinação implacável de entregar um produto excelente dentro do prazo, contra as probabilidades e contra o fato inegável de que ninguém realmente sabia o que fazia, porque ninguém tinha feito antes. Toda a grande diversão e todas as histórias de guerra nostálgicas, a menos que isso tenha levado você à bebida ou ao esgotamento nervoso.

Através do caos e dos diversos lançamentos de empreendimentos, somos capazes de vislumbrar um padrão, que é o mesmo em todas as decolagens de sucesso. O conhecimento do padrão lhe permitirá evitar algumas — embora não todas — das frustrações e dos movimentos em falso de que todo negócio recém-nascido é vítima. Em todo empreendimento-estrela que conheci houve, em retrospecto, *quatro fórmulas*, que tiveram de ser descobertas e transformadas em práticas de negócios regulares, únicas e sempre repetíveis:

1. a fórmula de atração do cliente: a forma de conseguir uma quantidade sempre crescente de clientes lucrativos, que compram cada vez mais de você;
2. a fórmula comercial: a forma de obter margens robustas;
3. a fórmula de entrega: a forma de criar uma máquina que entrega quantidades sempre crescentes de um produto de padrão uniforme e de alta qualidade; e
4. a fórmula de inovação: a forma de transformar a inovação e o aperfeiçoamento em rotina, para manter a concorrência afastada.

As fórmulas têm de se ajustar em conjunto e ter "integridade" — inteireza, sinceridade, consistência, coerência e autenticidade — para que cada uma, além de ser compatível com as outras três, também as reforce. Para seu empreendimento ser uma estrela, as fórmulas devem ser únicas e as melhores — melhores do que qualquer fórmula do mercado principal e do que qualquer fórmula concorrente da nova categoria que você criou. Para permanecer uma estrela, as fórmulas devem poder ser ampliadas e detalhadas infinitamente, para que os rivais não consigam compreendê-las totalmente, imitá-las ou substituí-las por fórmulas melhores. Enfim, "melhor" não é uma questão de opinião. É uma questão de votos, votos dos clientes do mercado. Uma fórmula *melhor* é aquela que é mais lucrativa e que alcança maior participação de mercado e crescimento mais rápido do que qualquer fórmula concorrente.

1. A FÓRMULA DE ATRAÇÃO DO CLIENTE

Esta fórmula é um *modo confiável de obter volumes sempre crescentes do negócio lucrativo*. A fórmula de atração do cliente apresenta duas partes:

★ a diferença relativa ao novo produto e categoria que é *atraente* para os clientes-alvo; e

★ um processo organizado de relações-públicas e venda, que permite a decolagem das vendas, para que haja uma mensagem *consistente e atraente* para os clientes e possíveis clientes, resultando em *crescimento de vendas prolongado*; até que haja crescimento de vendas consistente acima de 10% ao ano (e, de forma ideal, *muito* mais alto nos primeiros anos), a decolagem não está assegurada.

O ponto de partida é sempre o próprio produto. Tem de ser diferente, atraente, chamativo. Tem de oferecer algo, de algum modo, que o mercado principal não oferece. Se o trabalho de idealização do novo produto, da categoria e da marca tiver sido bem-feito, então não deve haver nenhum problema sobre sua *diferença* e valor para os clientes-alvo:

★ Betfair: valor do prêmio muito maior
★ Coca-Cola: sabor refrescante único, a coisa verdadeira
★ Filofax: organização *pessoal*
★ Plymouth Gin: sabor sofisticado e diferente, mais intenso
★ Bain & Company: relacionamento entre a Bain e os presidentes executivos
★ Belgo: comida belga, cerveja, diversão
★ Starbucks: café autêntico exótico
★ McDonald's: hambúrgueres rápidos e baratos
★ Quincken: gerencia suas finanças com facilidade
★ Dell: PC feito sob medida para você

A fórmula de atração do cliente lança mão de um produto fascinante e o expõe de tal modo que o negócio se materializa e cresce. Nenhuma fórmula de atração do cliente, por mais brilhante que seja, converte um negócio em estrela a partir de algo transitório. Por outro lado, um produto como a Betfair, que deu a clientes um valor dez ou vinte vezes melhor do que o valor da aposta, espalha-se rapidamente.

A mensagem que atingia os potenciais usuários da Betfair era simplesmente o *valor* extraordinário oferecido, uma *revolução* verdadeira no mundo das apostas. A proposição de valor foi reforçada por todas as espécies de temas secundários; sobretudo, o prazer de deixar de lado os odiados corretores de apostas.

No entanto, a Betfair não teria decolado sem muito trabalho de relações públicas. Andrew Black e Mark Davies — funcionário júnior sem treinamento em relações públicas, mas que demonstrou grande aptidão para a atividade — passaram a maior parte do seu tempo durante os três primeiros anos conversando com jornalistas especializados em corridas, gerando uma quantidade fantástica de cobertura gratuita de mídia impressa, radiofônica e televisiva. Demos a Mark um cartão de visitas que dizia "diretor-gerente", embora no início a única pessoa que dirigiu tenha sido ele mesmo.

Lenta mas seguramente a mensagem chegou a quase todo jogador sério do Reino Unido. No começo, o crescimento de Betfair foi alimentado por um pequeno número de grandes apostadores, que também eram *nerds* e tecno-entusiastas. No entanto, o crescimento não poderia ter se sustentado sem as dezenas de milhares de grandes jogadores que não eram tecno-entusiastas, e nunca teriam ouvido falar de troca de apostas se o sistema não tivesse sido divulgado todos os dias no jornal *Racing Post* e no Channel 4 TV, resultado direto do trabalho de Andrew e Mark. E graças ao crédito imenso de Ed Wray, presidente executivo da Betfair, que se manteve à parte e abriu mão de aparecer na televisão em favor de Mark Davies, que com sua boa aparência, grande conhecimento sobre corridas, inteligência dinâmica e charme aristocrata logo se tornou o favorito dos editores e produtores de tevê.

Em quase toda decolagem de uma estrela que conheço ou pesquisei, a fórmula de atração do cliente baseou-se fortemente em relações públicas e no boca a boca. O relações-públicas lançou estrelas como Belgo, Filofax, Betfair, Coca-Cola, Cirque du Soleil, Starbucks e Curves. Assim que o relações-públicas induziu alguns clientes a testar o novo produto, o boca a boca trouxe uma infinidade de clientes. O relações-públicas então reforçou e multiplicou aquele ímpeto. Nos dois primeiros anos após o primeiro restaurante Belgo ter sido aberto, os dois fundadores passaram mais da metade do seu tempo em atividades relacionadas com relações públicas. Não podíamos custear nenhuma publicidade, e teria sido um desperdício de dinheiro. No entanto, você escuta seus amigos, críticos gastronômicos independentes e jornalistas, que dizem que um lugar bacana é sinônimo de diversão. André e Denis trabalharam de modo criativo e incansável para obter um volume de ruído sobre o Belgo que podia ser ouvido acima do zumbido de fundo da vida londrina.

Alguns indivíduos têm talento para atuar como relações-públicas. Outros não têm o dom de captar a atenção das pessoas ocupadas e volúveis da mídia. Alguns são bons em uma conversa formal, mas não em uma informal. Se você tem um ou dois funcionários que podem se tornar bons relações-públicas, dê a eles uma chance de brilhar. O fato de ser uma pessoa mais velha, nesse caso, não importa em absoluto. Porém, se você realmente não tiver ninguém com dom para atuar como relações-públicas, deverá contratar um profissional; mas um mínimo de empatia com o produto e os clientes vale uma tonelada da experiência de um relações-públicas.

Muitos acham que o boca a boca e relações públicas são processos automáticos, que a empresa se acomoda e goza de um fluxo de publicidade gratuita. Bobagem! O trabalho de relações públicas requer prender a imaginação de jornalistas cansados. Para isso, você deve *elaborar um argumento* e, depois, *adaptá-lo para cada jornalista.*

No caso do Plymouth Gin, destilamos com todo o cuidado não apenas o nosso produto mas também sua herança — toda a conversa sobre a destilaria ter sido um antigo mosteiro franciscano, o lugar onde os primeiros colonos puritanos se hospedaram no seu caminho para o Novo Mundo, a destilaria de gim mais antiga do mundo, e assim por diante. Tudo para ocupar o máximo possível de espaço nos jornais de maior prestígio e nos programas de tevê de bebida e comida. Você poderia ter a impressão de que vendíamos a Arca da Aliança ou o Santo Graal em vez de uma bebida inebriante!

A imagem é essencial. O passado permeia o presente. O passado tem de ser criado. A mensagem para os possíveis clientes do Plymouth Gin foi clara: este é um *gim diferente, sofisticado, com uma história que nenhum outro gim é capaz de igualar*. No entanto, a diferença tinha de ser mais do que a afirmação e uma reconstrução cor-de-rosa da história. Para o trabalho de relações públicas funcionar, teria de haver uma *diferença objetiva*, que conferisse credibilidade à "cor" que demos à marca. Descobrimos a diferença aumentando o teor alcoólico do Plymouth no momento em que Gordon, o líder de mercado no mercado principal, seguia por outro caminho, reduzindo seu grau. O aumento do teor alcoólico do Plymouth Gin para 41,2% proporcionou um beneficio real ao consumidor, pois realçou o gosto distintivo do Plymouth — razão pela qual o gim fora o líder de mercado durante os primeiros vinte e cinco anos do século XX. O trabalho de relações públicas funcionou porque ninguém podia negar que o Plymouth tinha um teor alcoólico mais elevado e porque os aficionados de gim atestavam o sabor superior.

O boca a boca pode parecer uma dádiva dos deuses, mas não! Ele deve ser fabricado e amplificado, e tem de se fundamentar no verdadeiro benefício do consumidor. Como o colunista da revista *New Yorker* e autor de *best-sellers* Malcolm Gladwell mostrou, o boca a boca pode chamejar e rapidamente morrer, ou pode alcançar um ponto de irreversibilidade, em que nenhuma força na terra poderá deter o avanço implacável do produto. A arte do empreendedor consiste em levar o boca a boca até o ponto da irreversibilidade.

A Bain & Company, uma empresa de consultoria estratégica norte-americana, tinha uma mensagem clara e atraente para seu mercado-alvo de presidentes executivos (principalmente novos presidentes executivos, vindos de fora da empresa):

> "Nós ajudaremos a incrementar o valor da companhia. Seremos seu aliado fiel. Seremos leais a você. Iremos ajudá-lo a compreender o novo mundo em que você ingressou, e explicaremos o que está acontecendo em cada recanto e fenda da sua empresa. Nós lhe daremos toda informação e análise de que precisa para tomar decisões difíceis e fazer grandes mudanças. Trabalharemos só para você, e nunca para seus concorrentes".

Embora a mensagem fosse original e atraente, o difícil, nos primeiros tempos, fora dos Estados Unidos, era conseguir uma entrevista. Se conseguíamos a entrevista, o impedimento para os presidentes executivos comprarem um serviço tão caro passava a ser o fato de sermos desconhecidos. A nossa empresa não tinha nenhuma reputação na Europa.

Na época em que me tornei um dos primeiros funcionários da Bain em Londres, todo alto executivo já ouvira falar da McKinsey, mas ninguém fora do setor tinha ouvido falar da Bain & Company. Quando tínhamos um encontro com um presidente executivo, nós o estimulávamos a visitar nossos concorrentes de renome e formular uma questão específica. Por exemplo, o presidente executivo poderia indagar ao funcionário visitado da McKinsey: "Se, por algum motivo, a sua empresa não puder trabalhar conosco, que outra consultoria estratégica você me recomendaria?". Invariavelmente, o colega responderia "BCG ou Bain & Company", visto que essas eram de fato as principais concorrentes da sua firma nos Estados Unidos. Diversos presidentes executivos que se tornaram os primeiros clientes da Bain & Company, em Londres, disseram-nos que isso aconteceu por causa dessa recomendação dos nossos concorrentes — o que permitiu aos nossos futuros clientes colocar uma firma desconhecida no mesmo patamar das empresas de mais prestígio do mundo. No entanto, nós fabricamos o "boca a boca"; estimulamos os presidentes executivos a fazer a pergunta certa.

A Bain levou a fórmula de atração do cliente à perfeição:

- ★ identificar presidentes executivos recém-nomeados de grandes empresas;
- ★ pesquisar as empresas e encontrar maneiras de incrementar o valor da empresa;
- ★ conseguir uma reunião com o presidente executivo;
- ★ utilizar a pesquisa para persuadir o presidente executivo a revelar a maneira pela qual ele percebia sua nova empresa;
- ★ os sócios da Bain exporiam o contrato entre o presidente executivo e a Bain;
- ★ pedir para um cliente da Bain que conhecia o presidente executivo para dizer o quão maravilhosos nós éramos;
- ★ o mais importante de tudo, depois do contrato firmado: encontrar cada vez mais trabalho em que a Bain pudesse agregar valor (e aumentar muito o faturamento da Bain) para a organização do cliente.

Você sabe que cruzou a primeira barreira rumo à decolagem quando o crescimento das vendas deixou de ser mais um problema. Mas ainda tem três barreiras para saltar.

2. A FÓRMULA COMERCIAL

Se sua idéia sobre "variação lucrativa" (Passo 5 dos Sete passos para o Paraíso) tiver sido bastante boa, ela poderá se traduzir facilmente em uma fórmula comercial. No entanto, uma coisa é se sentar com uma taça de vinho e pensar em por que seu novo negócio-estrela pode ser mais lucrativo que o mercado principal; outra bem diferente é encontrar seu contador depois de alguns meses e descobrir se você de fato está no caminho da variação lucrativa.

No restaurante Belgo, tínhamos calculado que o cardápio à base de mexilhões, batatas fritas e cerveja de mosteiro belga produziria uma margem bruta de aproximadamente 70% (cada cem *pence* de comida ou bebida que vendêssemos teria nos custado apenas trinta *pence*). Nessa base, com a receita obtida diariamente, logo fomos capazes de cobrir nossos custos fixos e começamos a gerar um fluxo de caixa excelente. Claro que surgiram crises. Nosso maior problema foi conseguir um suprimento suficiente de mexilhões grandes e de alta qualidade. Logo, nós nos tornamos o maior comprador britânico de mexilhões, e nossa demanda sempre crescente elevou os preços.

Certa manhã, os "garotos" do Belgo (André e Denis) me procuraram parecendo bastante preocupados. De repente começou a faltar mexilhões. Da noite para o dia, o preço subira vinte *pence* por quilo. As margens brutas ficariam bem abaixo dos 70%. O que devíamos fazer?

— Aumente o preço em 1 libra — eu disse.

— Isso vai liquidar a demanda — André respondeu.

— Bem, tente durante um dia e, se funcionar, por mais um dia. Se a demanda não cair, manteremos o novo preço — afirmei. — Se os clientes trocarem para outro item do cardápio ou pararem de aparecer, bastará baixar o preço novamente. E, já que estamos imprimindo novos cardápios, vamos aumentar os preços das nossas três melhores cervejas.

André e Denis não gostaram. No entanto, o aumento dos preços não fez nenhuma diferença na quantidade de cerveja e mexilhões que vendemos. Apesar do custo mais alto dos mexilhões, nossa margem bruta avançou até 72%–73%, a mais alta do setor. Depois de dezoito meses da inauguração, fomos capazes de reformar o espaço vizinho, dobrar a capacidade e começar a reembolsar os empréstimos dos acionistas.

Na Betfair, o conceito original também apresentou forte variação lucrativa (contra o mercado tradicional das corretoras de apostas), e a fórmula comercial necessitou de pouca elaboração adicional. Poucos meses depois de eu ter feito o meu investimento, ficou claro que, se os volumes continuassem crescendo fortemente, o negócio logo se tornaria muitíssimo lucrativo e ficaria com fluxo de caixa positivo.

A "variação lucrativa" do Plymouth Gin requereu que acreditássemos que podíamos cobrar um preço muito alto pelo gim (semelhante a outros gins de alta qualidade), embora tendo despesas gerais muito mais baixas e nenhum custo publicitário. O alto preço resultou possível, mas nos três primeiros anos não conseguimos obter suficiente divulgação do gim para gerar demanda substancial e para ele ser comercializado nas principais lojas. Depois, acertamos na mosca com nosso terceiro presidente executivo, Charles Rolls, e sua decisão de aumentar o teor alcoólico do nosso gim.

Para a Filofax, a "variação lucrativa" sempre significou uma utilidade elevada para o usuário de organizador pessoal em relação a agendas ou blocos de notas. Resultado: margens gordas.

Quando criamos a LEK, não sabíamos nada sobre "variação lucrativa". Tínhamos consciência de que consultoria estratégica era um setor muito lucrativo; dado um fluxo constante de clientes. Não tínhamos isso, porém.

Fomos salvos pela nossa incompetência ao recrutarmos consultores com MBA e pelo nosso êxito na contratação de graduados de 21 anos. Tínhamos um grupo grande de rapazes e moças muito inteligentes que não sabiam nada sobre negócios. Não ousamos enviá-los aos clientes (o que eles poderiam fazer?). O que fizemos foi dar computadores pessoais a todos — atitude generosa e arrojada, pensamos — e treiná-los para analisar os concorrentes dos clientes, por meio de análise financeira e de mercado, e de conversas com o mercado.

Por que algum cliente iria querer a análise do concorrente? Bem, em relação à Microfile contra a Filofax, poderia indicar oportunidades de ganhar participação de mercado ou reduzir custos. Inventamos um novo produto chamado *posição de custo relativo*. Observando os custos do cliente e dos concorrentes em cada etapa (custo do produto, manufatura, marketing, venda, distribuição, todas as despesas gerais), podíamos encontrar formas práticas de reduzir custos (onde o concorrente tinha custos menores) ou de aumentar os preços (quando os custos do concorrente eram mais altos). Vendemos nosso produto "posição de custo relativo" para todos os nossos clientes. Eles gostaram. Isso nos deu confiança para vender o produto para novos clientes.

No entanto, tínhamos um problema: uma grande quantidade de analistas inexperientes. Mas encontramos algo que eles podiam fazer bem e descobrimos um grande produto. Vendemos esse produto. Tudo tentativa e erro.

E muito lucrativo para a LEK. As "crianças" custaram barato. Trabalharam muito, sem pagamento de horas extras. Foram muito cobradas em seu desempenho. Os concorrentes não tinham nossa estrutura de pessoal de baixo escalão, e assim não podia nos imitar economicamente.

Mais tarde, passamos a nos concentrar em investigação e análise de fusões e aquisições, outro produto bem ajustado à nossa estrutura de pessoal de baixo escalão. Resultado: preços altos, custos baixos, margens gordas, crescimento rápido. Variação lucrativa.

3. A fórmula de entrega

Tudo bem, a demanda do cliente e as margens são altas. E a seguir? Entregue o produto. Faça as coisas acontecerem de forma segura, constante e econômica. Transforme o empreendimento em uma *máquina*.

Logo no início, o importante é conseguir pedidos e entregar o produto. No entanto, a decolagem precisa de um motor de produção vigoroso. Uma máquina que funciona com padrões meticulosos e faz tudo de uma forma que assegura eficiência e qualidade.

Em geral, os fundadores não estão muito interessados em uma "empresa como máquina". Isso é muito ruim. Sem o custo mais baixo possível, e a qualidade e a consistência mais altas possíveis, o negócio fica exposto a uma certeza e a um perigo.

A certeza é de que você será menos lucrativo do que poderia ser, e portanto tudo o que o negócio vier a alcançar será de 25% a 50% menor do que poderia ser. O perigo é que o mau funcionamento permite que um concorrente mais bem organizado consiga alcançá-lo, como aconteceu entre a Filofax e a Microfile.

Por sorte, em geral há uma pessoa para organizar a nova empresa, considerando meia possibilidade. Na Betfair, foi um ex-militar chamado Jon Cumberledge. Na LEK, foi minha ex-secretária, uma grande dama chamada Jeanette Shand; vinte anos se passaram, e ela continua lá. Na Filofax, foi o meu sócio Robin Field. No Plymouth Gin, foi o gerente de destilaria, Sean Harrison. No Belgo, foi o fundador André Plisnier. Em todos os casos, eles foram ajudados por diversas outras pessoas; o empreendedor multicabeças que toma conta do negócio.

A fórmula de entrega terá sido solucionada quando *todos* os eventos a seguir *sempre* acontecerem.

- ★ Os produtos são entregues com o mesmo padrão elevado de qualidade, no prazo, sempre.
- ★ O produto desse ano é mensuravelmente melhor do que o do ano anterior.

- ★ O produto desse ano custa no mínimo 5% menos para ser fabricado do que do ano anterior.
- ★ As quantidades podem ser dobradas em um ano sem pânico nem perda de qualidade.
- ★ O trabalho é delegado para a pessoa menos graduada que possui total competência para realizá-lo.
- ★ Cada funcionário aumenta seu nível de habilidade expressivamente, todos os anos, e trabalha melhor e mais rápido.
- ★ O local de trabalho apresenta tranqüilidade, ordem e disciplina.
- ★ Os padrões e procedimentos são anotados, claros, sem ambigüidade... e respeitados!
- ★ Os logotipos, as cores e os designs são atraentes e consistentes.
- ★ Os orçamentos são sempre satisfeitos ou superavitários.
- ★ O caixa é sempre maior do que o planejado.
- ★ A empresa é uma máquina — funciona sem solavancos, é confiável, austera, auto-sustentável e se auto-aperfeiçoa.
- ★ Ninguém é indispensável. Se os melhores funcionários saem, a empresa continua a funcionar sem problemas. Novos líderes surgem.

Essa pode não ser sua idéia a respeito de um empreendimento de risco empresarial. No entanto, todo negócio-estrela que decola e permanece voando é um avião robusto. Possui ordem e organização. Mantém suas promessas para clientes, funcionários e proprietários.

As estrelas criam seus nichos. No entanto, se elas não estiverem perfeitamente alinhadas para servi-los com eficiência, alguém o fará. A antiga estrela, então, irá se extinguir.

4. A fórmula de inovação

Como as melhores estrelas inovam? Elas não se movem na direção de outra categoria, ou fazem algo em desacordo com seu projeto original. A inovação nas estrelas mais prósperas significa se mover na direção do que elas exploraram em primeiro lugar, cada vez mais de modo mais elevado, profundo, amplo e forte. A inovação aumenta a diferença entre as estrelas e as concorrentes, possibilitando que as estrelas atendam unicamente aos seus clientes-alvo. As megaestrelas penetram firme nos desejos dos seus clientes na categoria escolhida, tornando-se parte-chave da sua vida diária e às vezes até da sua auto-identidade. As estrelas alargam o fosso entre suas capacidades no seu nicho e as de qualquer outra empresa. As estrelas deleitam-se em oferecer surpresas agradáveis aos clientes, tornando impensável a mudança para outro fornecedor. As estrelas se tornam insubstituíveis. A mudança é a maneira de assegurar que não pode haver nenhuma modificação na liderança de mercado.

A análise das estrelas de valor revela três regras de ouro a respeito da inovação.

1. A inovação é melhor *se baseada no que você faz melhor e mais distintamente*. A inovação é poderosa quando se ajusta à *nova categoria* que você inventou, e não ao mercado principal, porque torna a nova categoria ainda mais atraente aos seus clientes-alvo.
2. A inovação eficiente *impede que os concorrentes o alcancem*. Esse tipo de inovação nunca pára. As concorrentes não conseguem se aproximar porque as estrelas estão sempre ampliando o fosso em relação ao valor disponibilizado aos clientes.

3. A melhor inovação *reforça e amplia a variação lucrativa*. A inovação não é caridade. A inovação real, sustentável alcança dois objetivo ao mesmo tempo: deixa os clientes mais felizes e torna seu empreendimento de risco mais lucrativo.

A inovação não é fácil. Exige idéias fora do padrão e ação não rotineira persistente. *Não há motivo, portanto, para perder energia preciosa na inovação que não satisfaz todas as três regras de ouro.*

A decisão de buscar uma inovação importante é decisiva. A inovação ruim desencaminha a boa.

Quando perguntamos aos clientes principais do Belgo do que eles mais gostavam, pensamos que destacariam a comida e o serviço. Embora esses itens alcançassem uma boa pontuação, o que eles mais apreciavam no Belgo eram as cervejas de mosteiro e o ambiente singular: a alegria sofisticada e européia do estabelecimento. A primeira inovação principal do Belgo, portanto, foi a criação do Bierodrome, uma nova cadeia de unidades "minibelgo", com ênfase na cerveja. O espaço do bar cresceu em importância em relação ao espaço da alimentação, fornecendo a carta completa das nossas cervejas e um cardápio reduzido. Os clientes lotaram os Bierodromes. Também aumentaram a variação lucrativa do Belgo. É muito mais fácil abrir uma garrafa de cerveja do que preparar uma refeição, e o retorno do capital é muito maior. O Bierodrome também dificultou a vida da concorrência, pois desde então passaram a existir dois conceitos afins em vez de um.

Menos de um ano depois da sua criação, a Betfair introduziu duas importantes "regras de ouro" referentes à inovação. Uma foi a aposta *in-play*; os clientes podiam apostar durante a realização de um evento (uma corrida, um jogo de futebol, uma partida de tênis, um torneio de golfe, uma eleição).

★ A aposta *in-play*, sobretudo em um evento com mudanças rápidas, como uma prova de turfe, era idealmente adaptável a um mercado eletrônico, em que as probabilidades são fixadas automática e instantaneamente pela oferta e procura. O mundo principal da aposta — com os corretores fixando as probabilidades — é um mercado de mão única, em que os corretores de apostas definem as probabilidades e os apostadores aceitam ou rejeitam essas probabilidades. Um mercado de mão única responde muito devagar a mudanças da sorte em um evento volátil. Mais de cinco anos depois de a Betfair ter adotado a aposta *in-play* nas provas de turfe, nenhum corretor de apostas tradicional era capaz de oferecer o serviço.

★ A atração de apostar *in-play* é especialmente excitante para os clientes-alvo: jogadores sofisticados, grandes. A aposta durante a realização do evento requer olhar aguçado e nervos de aço. É um grande teste de habilidade. Também permite que os grandes jogadores "dispensem" suas posições durante um evento ou travem um lucro. Por ser a precursora da aposta *in-play*, a Betfair ganhou, sem dúvida alguma, a maior liquidez dessa área. Nenhuma outra empresa de trocas de aposta chegou sequer perto.

★ A aposta *in-play* melhorou a variação lucrativa. A Betfair pôde extrair mais receita e mais comissão do mesmo evento.

Sugeri a outra inovação logo depois que fiz meu investimento. Na época, a Betfair e outras empresas de trocas de apostas ofereciam apenas aposta on-line. Por que não utilizar também o telefone? As apostas por telefone poderiam ser registradas pelos atendentes, que acessavam instantaneamente o site da Betfair.

A adoção da aposta por telefone reforçou a vantagem das empresas de trocas de apostas contra o mercado principal, aumentando a quantidade de negócios realizados pelas empresas de trocas e possibilitando que o cliente da Betfair utilizasse sua conta nas corridas ou longe do computador. Ao criar o serviço de aposta por telefone, a Betfair ampliou sua liderança em relação a outras empresas de trocas. Ao impulsionar ainda mais as receitas, a mudança melhorou os lucros, o retorno sobre o capital e a capacidade de investir mais em marketing, a melhoria do site e novos e atraentes produtos associados a apostas.

A Betfair continuou inovando com inteligência com seu distintivo jogo de "pôquer de troca", no qual o objetivo é adivinhar qual dos cinco jogadores vai ganhar a partida. Em 2006, surgiu o "cassino Betfair", com diversos jogos novos e inovadores. Entre eles, destacava-se o "zero *lounge*", uma série de jogos que eliminavam a margem da casa, incluindo um tipo de roleta sem o zero na roda girante. Ao inventar jogos novos e de valor melhor, a Betfair volta a exemplificar as regras de ouro.

- ★ Os novos jogos tornam a categoria da troca de apostas ainda mais atraente, reforçando a realidade do valor muitíssimo superior em comparação com a "antiga" indústria de corretagem de apostas, incluindo suas incursões no jogo on-line.
- ★ Eles forçam a concorrência a um jogo impossível no que se refere a superar a Betfair. Todos os melhores espaços de inovação são ocupados pela Betfair sem cessar. Se a concorrência copia, simplesmente presta uma homenagem visível à Betfair.
- ★ O fato de proporcionar um valor melhor na nova área de jogos de cassino faz muito sentido comercial para a Betfair, pois o custo de desenvolvimento dos jogos é amortizado muito rápido, e esses jogos proporcionam volume e lucro incrementais muito grandes para a Betfair, mesmo dando

aos clientes um valor imensamente superior. De fato, variação lucrativa.

A Charles Schwab é outro exemplo ótimo de inovação-estrela. A empresa foi a primeira *discount broker* (corretora de títulos), oferecendo um serviço telefônico por uma fração do preço cobrado pelas corretoras de valor tradicionais. O negócio continuou sendo uma estrela por meio da inovação inteligente.

- ★ A *primeira* corretora de valores a introduzir a confirmação instantânea de transações feita pelo cliente. Isso eliminou o maior obstáculo em relação à nova categoria de corretora de valores: era realmente seguro? Era mesmo de confiança? A Charles Schwab percebeu que não era apenas o preço que motivava seus clientes-alvo, mas também o *valor*. A confirmação instantânea tornou atraente a corretagem de valor, oferecendo um serviço que era confiável e que tranqüilizava a mente dos clientes, com baixo custo para a empresa.
- ★ A *primeira* corretora de valores a levar grande quantidade dos seus clientes para as transações on-line, oferecendo também a segurança da confirmação instantânea.
- ★ A *primeira* corretora de valores a oferecer serviço vinte e quatro horas, durante toda a semana.
- ★ A *primeira* corretora de valores a oferecer uma conta de administração de caixa, tornando desnecessária a transferência de fundos de/para os bancos dos clientes. A conta de administração de caixa Schwab One, que vinha com cartão Visa e cheque especial, é conveniente para os clientes. Supera a demora e o incômodo relativos à movimentação financeira dos bancos tradicionais (com seus tempos de compensação lentos e horas limitadas de abertura de agências).

- ★ A *primeira* corretora de valores a ajudar os clientes a acompanhar seus investimentos. O OneSource da Schwab oferece um extrato mensal de todas as transações e todos os investimentos realizados através da corretora.

Como todas essas inovações exemplificam as regras de ouro?

- ★ Provaram que a corretagem de valor podia significar *serviço de alta qualidade*, assim como *barato*.
- ★ Forçaram a concorrência a não ficar para trás, reforçando a respeitabilidade e o bem-estar em relação à marca Charles Schwab, deixando os clientes mais relutantes em levar seus investimentos para outras corretoras de valores.
- ★ As inovações possibilitaram que a Charles Schwab evitasse concorrer apenas em preço, e, em diversos casos, permitiram simultaneamente a melhoria do serviço e a realização de lucros adicionais: variação lucrativa.

Será que seu empreendimento já domina a fórmula da inovação? Será que a decolagem é realmente segura? Será que seu empreendimento vai voar cada vez mais alto, ou será abatido por um concorrente mais inovador?

Conclusão: a maneira de decolar

A decolagem é um momento cheio de tensão e ansiedade. Se você administrar isso, o céu será o limite. Se você ficar indeciso a poucos metros acima do solo e cair, irá se espatifar. A forma de maximizar sua chance de decolar é criar quatro pequenas equipes — cada uma incluindo um fundador e dois outros funcionários — encarregadas de planejar cada elemento da decolagem: a atração do cliente; a fórmula comercial para margens robustas; entrega; e inovação. Agende uma reunião semanal para todos, na segunda-feira de manhã ou na sexta-feira à tarde, quando cada equipe apresenta um relatório de cinco minutos e cada um tem cinco minutos para comentários e questões. O progresso e as atividades podem ser comparados com as diretrizes empresariais expostas neste capítulo. Se a equipe seguir as diretrizes, a decolagem será mais provável, mais suave, mais rápida e mais duradoura. Depois da decolagem, a vista mais maravilhosa — o próprio mundo — estará a seus pés.

CAPÍTULO 14

EVOLUA ATÉ SE TORNAR UMA ESTRELA

O que eu faço compreendo.

Confúcio

Veja se esta é a sua situação em que se encontra: você está administrando um negócio recém-nascido, e ao ler este livro percebe, com uma sensação de grande desconforto, que seu empreendimento não é uma estrela. Você não inventou um novo nicho; é um concorrente. Ou inventou uma nova categoria, mas não está crescendo rápido.

É bem provável que seu negócio não seja uma estrela. Menos de um entre vinte negócios são. Você constata que estaria em situação muito melhor sendo proprietário de uma das muito poucas empresas que são estrelas. O que fazer?

Há uma maneira de mudar de rumo, para que seu negócio evolua até se tornar uma estrela? Você deve persistir e esperar que seu empreendimento venha a ser ao menos moderadamente bem-sucedido? Ou desistir, pegar o dinheiro que resta e começar um novo negócio?

No final deste capítulo, você vai ter plena consciência da situação.

Não entre em pânico!

Lembre-se de que apenas duas das minhas estrelas nasceram dessa forma. As outras três "atingiram o estrelato" ou "foram impulsionadas para o estrelato".

Se você quer transformar seu empreendimento em uma estrela, e se concentrar nisso como o imperativo primordial — a única coisa que realmente importa —, terá uma vantagem inicial em relação a quase todos os outros: aqueles que não sabem o que é uma estrela ou que não estão tentando de verdade transformar seu empreendimento em uma estrela. Se você decidir transformar seu empreendimento em uma estrela, de súbito dará um grande salto em suas perspectivas, simplesmente por ter tomado a decisão. Se seguir as diretrizes deste capítulo e buscar o estrelato com ambição férrea, você fará uma aposta respeitável.

Se evoluir até se tornar uma estrela, você estará em boa companhia. Não apenas por causa das minhas três estrelas. Muitas das maiores estrelas que celebramos hoje em dia tiveram inícios desfavoráveis.

Como algumas estrelas famosas evoluíram

Coca-Cola. Esse nome inspirado surgiu a partir de uma sessão de discussão em grupo mantida por John Pemberton e seus três sócios, em 1886. O nome Coca-Cola era bem descritivo: os principais ingredientes eram a folha de coca (contendo cocaína) e as nozes de cola. No entanto, a Coca-Cola descendia de uma grande variedade de bebidas que Pemberton criara desde o final de década de 1860. Por quase vinte anos, ele inventou diversas bebidas: Globe Flower Cough Syrup (xarope contra tosse), Extract of Stillingia e muitos outros preparados exóticos. Em 1885, John lançou sua primeira estrela: a Pemberton's French Wine Coca. Contendo cocaína, o vinho vendeu 888 garrafas no primeiro sábado em que apareceu no mercado. Foi apenas a proibição ao álcool em Atlanta e em Fulton County, em vigor a partir de 1886, que levou Pemberton a inventar a Coca-Cola, como uma versão sem álcool.

As raízes da IBM remontam à Tabulating Machine Company, criada em 1896 como fornecedora de cartões perfurados e máquinas para análise estatística. A IBM chegou atrasada ao mercado de computadores. O primeiro computador, o Eniac (Electronic Numerical Integrator and Computer), surgiu na Universidade da Pensilvânia, em 1946. A Univac emergiu como o braço comercial do projeto, e, em 1950, a Remington Rand adquiriu a Univac, tornando-se a líder incontestável em computadores. A IBM tomou o *status* de estrela da Univac através de uma evolução tortuosa, depois de vencer uma licitação para desenvolver computadores para a força aérea norte-americana.

O WPP Group, atualmente uma das empresas líderes em comunicações de todo o mundo, nasceu como Wire and Plastic Products Plc, fabricando carrinhos para supermercados. O WPP hoje detém negócios-estrela em diversos segmentos dos setores de propaganda, relações públicas, marketing e pesquisa.

Poucas empresas testaram os limites da evolução tão intensamente quanto a Nokia Corporation. Criada como indústria de celulose, em 1865, na Finlândia, a marca Nokia depois foi aplicada em diversos produtos de borracha, em especial galochas e outros calçados. A Nokia experimentou produtos de papel, pneus de bicicleta e carro, cabos elétricos, produtos de eletricidade, aparelhos de tevê e computadores pessoais. Nenhum desses negócios se tornou estrela. Na década de 1970, a Nokia começou a desenvolver telefones celulares, e emergiu como líder no mercado em rápido crescimento da década de 1980. A Nokia então abandonou todas as outras atividades e se concentrou totalmente nos telefones celulares. Hoje, a Nokia possui sua regra 80/80; isto é, 80% de participação de mercado equivalem a 80 bilhões de dólares. Se você ficar decepcionado com sua milionésima tentativa de evoluir até se tornar um empreendimento-estrela, lembre-se da Nokia.

William Wrigley criou uma fábrica de sabão. Como promoção, ele dava de presente fermento em pó. Os clientes adoraram o fermento em pó. Dessa maneira, a Wrigley's evoluiu até se transformar em uma empresa fabricante de fermento em pó. Então, passou a dar de presente goma de mascar com o fermento em pó, e a goma de mascar virou um produto mais popular. Logo, a empresa começou a fabricar apenas goma de mascar. A Wrigley's tinha sido uma empresa concorrente em sabão e fermento em pó, mas se tornou a empresa líder global em goma de mascar.

Finalmente, a Starbucks. Lembre-se de que a Starbucks começou, em 1971, vendendo grãos de café e equipamentos afins. Só passou a comercializar cafés no final da década de 1980, e só se tornou uma estrela mais de vinte anos depois da sua criação.

Será que sua empresa pode evoluir até se tornar uma estrela?

Sua empresa é a número 2 em um mercado em grande crescimento — posição "ponto de interrogação" do BCG?

A questão nesse caso é simples. Você é capaz de superar a empresa-líder? Suas chances serão maiores se:

- ★ sua participação de mercado não for muito menor do que a da líder;
- ★ você estiver levando vantagem em relação à líder;
- ★ a líder cometer um erro inesperado;
- ★ o nicho for novo;

- ★ as posições de mercado forem voláteis e um ou dois grandes clientes forem capazes de modificá-las;
- ★ o mercado estiver crescendo muito rápido;
- ★ você compreender melhor os clientes do nicho;
- ★ ainda que você estiver no mesmo mercado, sua abordagem for diferente e os cliente gostarem mais;
- ★ seu pessoal tiver mais empatia com os clientes;
- ★ sua abordagem apresentar margens mais robustas que a líder, ou seriam se você tivesse o mesmo volume de negócios;
- ★ você estiver mais bem financiado que a líder;
- ★ observadores objetivos afirmarem que seu produto é melhor;
- ★ a vantagem do líder estiver nas vantagens de distribuição que você poderá gradualmente superar;
- ★ os principais funcionários da líder estiverem desertando em seu favor;
- ★ a líder estiver apenas ligeiramente consciente da ameaça que você representa.

Tome cuidado com o otimismo excessivo. A maioria das empresas número 2 imagina que pode superar a número 1. A maioria das empresas número 2 não consegue. A número 1 ocupa essa posição por algum motivo. Estando ali, ela está na primeira posição. A resistência à mudança, marcas mais conhecidas ou mais queridas, relacionamentos com os clientes, conhecimento do mercado e, em geral, margens mais elevadas dão sustentação à líder, conferindo-lhe vantagens parciais. Durante trinta anos, testes cegos deram à Pepsi-Cola, de forma constante, vantagem sobre a Coca-Cola. No entanto, nos Estados Unidos e na maioria dos outros mercados, a Coca-Cola continua vendendo duas vezes mais que a Pepsi.

Em geral, em mercados estabelecidos, a número 2 não é capaz de vencer a número 1. A número 2 só vence quando a líder comete um erro grosseiro (como no caso da Filofax, que fixou seus preços nas alturas). Como número 2, você pode ser engenhoso e criativo, mas seu destino não está em suas mãos. Para que vença, a líder deve cometer um erro grave. Você não pode contar com isso.

O melhor teste é o prático. Se sua participação de mercado não estiver crescendo muito rápido, e se a da empresa número 1 não estiver caindo, então você provavelmente não superará a diferença.

Se continuar fazendo as mesmas coisas, você não ganhará. Mesmo que faça as mesmas coisas muito melhor — melhor do que no passado, melhor do que a concorrência —, continuará sem ganhar.

Faça algo diferente. Tente diversas abordagens. Se não funcionar fazer algo diferente dentro do nicho atual, então faça algo diferente fora do nicho. Tente evoluir até se tornar uma estrela.

VOCÊ É O LÍDER DO NICHO, MAS O MERCADO NÃO ESTÁ CRESCENDO RAPIDAMENTE?

Se o seu empreendimento é novo, e você é o líder, é provável que você tenha inventado o nicho. A questão então não é tanto a concorrência, mas se o próprio nicho decolará.

Você se vê diante de um impasse. Seu negócio não se tornará lucrativo, a não ser que cresça rápido. No entanto, ele não pode se fiar no impulso do mercado para ajudá-lo a crescer. O mercado não adquirirá impulso a não ser que você faça algo diferente — algo dramático, a ser percebido —, mas você não tem recursos financeiros para fazer isso. Está preso no atoleiro, e o tempo está correndo. Se continuar nessa posição, você acabará sem capital. Se gastar mais dinheiro, a hora do juízo final chegará para você.

Seu problema básico é a apatia do mercado. Ninguém se importa se você está vivo ou morto.

O nicho não é viável. Você achava que tinha um negócio-estrela, mas não. Talvez você não tenha nem o negócio. (A única exceção é quando o empreendimento tem lucro e gera caixa logo. Nesse caso, você possui um pequeno negócio, que continuará pequeno. Sente-se feliz com isso?)

Sua posição é desesperadora. Se você tem um caixa não consumido, considere desistir e restituir o caixa — sobretudo, se boa parte dele for seu!

A única opção sensata é evoluir até se tornar uma estrela.

O que você tem a perder?

Você só tem a ganhar, e ganhar muito. Mesmo se você não se tornar uma estrela, a tentativa poderá ajudar. Provavelmente, conseguirá chegar mais perto dos clientes úteis, e desenvolverá um DNA empresarial único e valioso.

Quatro etapas vinculadas para sua empresa evoluir até se tornar uma estrela

1. Volte para a prancheta

Consulte novamente os Capítulos 9 e 10, que falam sobre a criação da sua estrela. Isso pode parecer um retrocesso, mas, na realidade, você terá uma vantagem inicial sobre uma nova equipe que vier a fazer o exercício de projetar uma estrela. Ao menos você tem alguma experiência, algumas capacidades, exposição aos clientes e ao mercado em geral. Como a saga da LEK revela, mesmo estratégia e posicionamento mal conduzidos — até a perda dos seus principais clientes — pode se converter em vantagem. Você já é um jogador no centro dos eventos que giram ao seu redor. Se reconhecer o que está acontecendo antes dos concorrentes e adaptar suas capacidades para os grupos de clientes insatisfeitos, a adversidade poderá se tornar seu trunfo.

2. Migre seu produto

A LEK precisou se afastar da estratégia "padrão" e teve de passar a analisar a concorrência. Isso levou à "posição de custo relativo" e "análise de aquisição".

Sua missão é encontrar um produto ou serviço único, um que não seja oferecido *nessa forma* por ninguém mais. Sua matéria-prima é, naturalmente, o que você e o restante do seu setor já fazem. Refine-a de maneira a poder gerar um produto novo e atraente. O produto ideal é:

- ★ quase igual a algo que você já faz muito bem, ou pode fazer muito bem;
- ★ algo que os clientes já estão procurando ou que você sabe que eles gostarão;
- ★ capaz de ser "automatizado" ou fabricado com baixo custo, utilizando um novo processo (eliminando etapas custosas, como auto-serviço), um novo canal (telefone ou internet), novos funcionários de custo mais baixo (as "crianças" da LEK, pessoas com alta escolaridade da Índia), novas matérias-primas (resinas baratas, dados gratuitos da internet), a capacidade ociosa de uma indústria afim (principalmente capacidade de manufatura), uma nova tecnologia ou apenas novas idéias;
- ★ capaz de ser "orquestrada" por sua empresa, enquanto você está fazendo o mínimo possível;

- ★ realmente valioso ou atraente para um grupo de clientes muito bem definido, merecendo, portanto, margens mais robustas;
- ★ difícil para qualquer concorrente fornecer ou fornecer tão barato — de modo ideal, algo que a concorrência não pode ou não quer fazer.

Como você já está no ramo, pode empreender experiências com novos produtos de uma maneira que alguém que pensa em começar um empreendimento não é capaz de fazer. Às vezes, a resposta é muito simples. O sistema Filofax só começou a decolar depois que David Collischon forneceu "organizadores cheios": um estojo de couro com um conjunto padrão de folhas. O que você pode fazer que seja simples, custe pouco para você ou nada, e, no entanto, se mostre muito atraente para os clientes?

Pergunte aos clientes se eles gostariam de algo diferente. Crie um protótipo; mostre-o. Promova uma discussão de grupo para gerar novas idéias. A evolução necessita de falsas partidas. Se uma idéia não estiver funcionando, não a empurre colina acima. Se um possível novo produto repercutir, continue refinando-o até ter um produto vencedor.

3. Migre seu DNA

Os novos produtos requerem novas capacidades. Os novos produtos também podem *resultar* do caráter único e da expansão vital da sua empresa. Duas espécies não são idênticas. Tampouco dois empreendimentos. A combinação dos fundadores e dos primeiros funcionários é única. Ninguém jamais fará as coisas do jeito que você faz. *Quanto mais diferente você tornar sua empresa, melhor.* De modo inteligente, é claro,

- ★ contrate e promova pessoas que apresentam atitudes semelhantes ao mercado-alvo;
- ★ contrate funcionários que se dêem bem e sejam solícitos com clientes e colegas;
- ★ contrate indivíduos inteligentes a preço de custo — mais jovens ou de grupos de talentos negligenciados;
- ★ contrate pessoas que assumem riscos, que experimentam, que investigam, que são excêntricas, e que possuem espírito inquieto;
- ★ treine no trabalho; junte novatos com seniores exemplares; concentre-se nas poucas coisas que os clientes mais gostam, que podem ser feitas com o mínimo esforço e custo;
- ★ torne seu empreendimento atraente, peculiar, pitoresco, distintivo, divertido e altamente comercial — excitando os clientes *em um alto lucro* para a empresa.

Estimule as experiências inteligentes, em todos os níveis, de todas as maneiras, sempre. Transforme isso em um estilo de vida da sua empresa. Então, mais cedo ou mais tarde, sua estrela emergirá.

A LEK não começou migrando seu produto. Primeiro, migramos seu DNA, depois criamos produtos que apenas nós éramos capazes de vender. Isso vai contra a natureza, mas funciona!

Ao mesmo tempo...

4. Migre sua base de clientes-alvo

Cada empreendimento-estrela deseja acabar com um conjunto único de clientes, idealmente ajustados aos seus produtos e ao seu DNA. Para migrar para seus clientes-alvo ideais, identifique:

- ★ clientes adequados, que você já conhece ou pode facilmente acessar;

- ★ clientes que estão descontentes com seus fornecedores;
- ★ clientes que precisam de um produto que você é capaz de prever, que não é fornecido atualmente;
- ★ clientes que lhe dão prazer;
- ★ clientes que não são sensíveis aos preços;
- ★ clientes que você sabe que pode ajudar muito;
- ★ empresas em grande crescimento;
- ★ empresas grandes e lucrativas;
- ★ clientes fiéis, que não gostam de trocar de fornecedores;
- ★ clientes com quem você pode construir um relacionamento "sólido";
- ★ clientes que o recomendarão para grandes clientes;
- ★ as pessoas dentro das organizações no escalão mais elevado que você poderá alcançar.

Migração vinculada

Seu produto, seu DNA, seus clientes-alvo — eles abrangem a "trindade de migração". À medida que você se afastar do seu produto, do DNA e dos clientes existentes, agarre a oportunidade de fazer duas grandes coisas juntas:

- ★ afaste-se dos produtos, DNA e grupos de clientes dos seus concorrentes; e
- ★ aproxime cada vez mais seus novos produtos, DNA e clientes entre si.

A Figura 14.1 mostra a posição antes da migração — seus produtos, DNA e clientes são semelhantes aos dos seus principais concorrentes.

Figura 14.1
Antes da migração

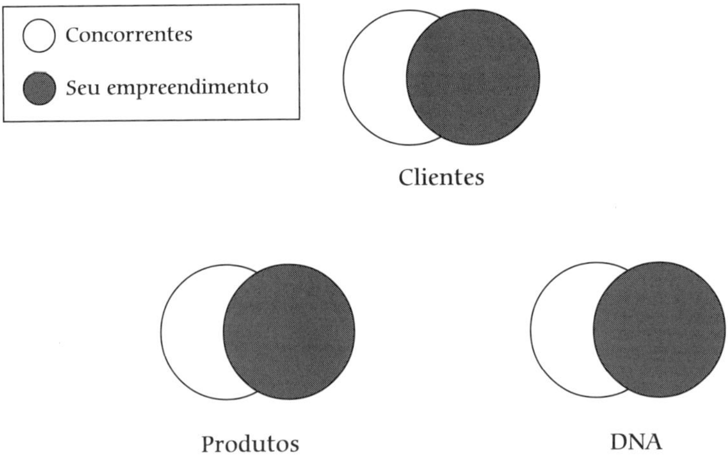

A Figura 14.2 expõe o efeito da migração. Seus produtos, DNA e grupos de cliente:

- ★ afastam-se daqueles com que você começou;
- ★ afastam-se dos produtos, DNA e grupos de clientes dos concorrentes;
- ★ aproximam-se entre si.

Conclusão

Empreendimentos não-estrela, procurem se tornar estrela. Empreendimentos do mundo todo, revoltem-se. Vocês não têm nada a perder a não ser seus grilhões. Vocês podem conquistar um mundo maravilhoso.

Figura 14.2
Depois da migração

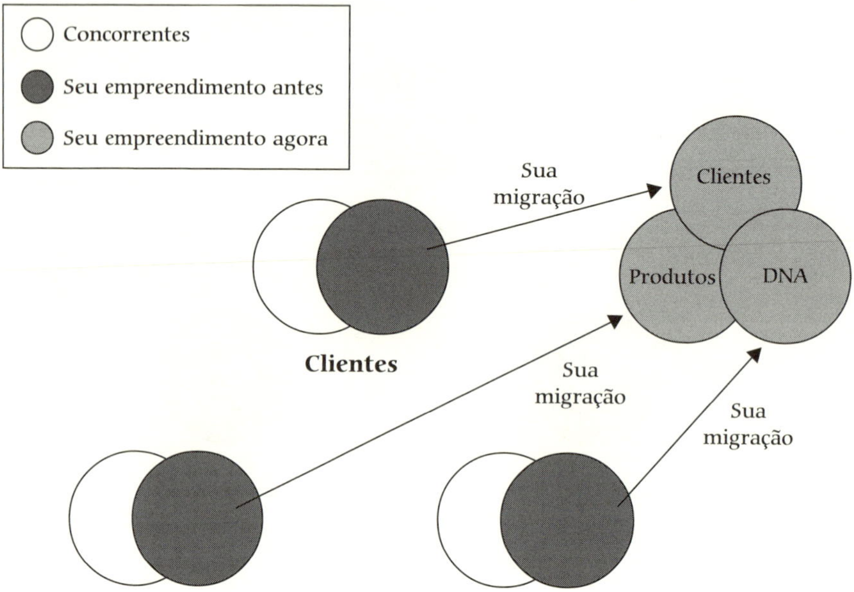

Como? Indo corajosamente aonde nenhuma firma já foi. Invente produtos desconhecidos. Descubra grupos inexplorados de clientes. Crie um novo tipo de empresa.

Isso é evolução. Essa é a raiz de todo o progresso. A partir do simples processo da divergência, novos empreendimentos, novos produtos e novas riquezas estão sendo gerados sem cessar. Criar um novo tipo de empresa é a arte mais gratificante e mais elevada do empreendedor.

CAPÍTULO 15

A IMPORTÂNCIA DAS EXPECTATIVAS IRRACIONAIS

Grandes expectativas são a chave de tudo.

Sam Walton

As expectativas racionais são perfeitas para empreendimentos razoavelmente atraentes; por exemplo, sua típica vaca leiteira. No entanto, os negócios-estrela são atraentes de modo incomum. Eles requerem expectativas irracionais.

As estrelas constituem menos de 5% de todos os negócios, sempre. No entanto, as estrelas contribuem acima de 95% em relação ao valor de longo prazo, e, quase certo, com 120% ao menos em relação ao caixa continuamente gerado. Você não veria um pianista de concerto em formação do mesmo modo que o rapaz que toca como amador em um bar; nem um potencial campeão de Wimbledon igual a um jovem mediano do seu clube de tênis local. Tampouco os negócios-estrela devem ser tratados como um negócio comum. As estrelas são incomuns e devem ser tratadas incomumente.

O que determina o valor de longo prazo de um negócio-estrela? Em grande parte, o crescimento. Tudo bem, a margem de lucro também tem importância, mas mesmo a duplicação da margem tem muito menos influência sobre o valor final do negócio do que a taxa de crescimento e, portanto, o nível final de vendas.

Ao menos 90%, ou mais, do valor de uma estrela a longo prazo resulta do seu crescimento. Para negócios que crescem durante muito tempo, como o McDonald's e a Coca-Cola, esse número é superior a 99%.

Quase todos subestimam o potencial de crescimento das estrelas. Em geral, o potencial de crescimento é subestimado não em 100% ou 200%, mas em 1.000% ou 10.000%. Se você não acredita nisso, considere o caso do McDonald's. Mac e Dick McDonald venderam o negócio em 1961, por 2,7 milhões de dólares. Atualmente, a empresa vale 48 bilhões de dólares, o que é um valor 1.777 mil vezes maior. Eles receberam 0,001% do valor atual, perdendo 99,9%. Na realidade, precisamos considerar quarenta e seis anos de inflação e um retorno no auge. O importante, no entanto, é que os irmãos não tinham idéia de quão longe a empresa poderia chegar.

E eles não estão sozinhos. Quase todos os fundadores de negócios-estrela subestimam seu potencial de crescimento e valor. Duas implicações em relação à ação: nunca venda um negócio-estrela (enquanto ele continuar sendo uma estrela), e procure um crescimento muito mais rápido.

Que taxa de crescimento você deve fixar como objetivo?

Quão rápido minhas estrelas cresceram?

O Belgo apresentou um crescimento de vendas de 20% a 30% ao ano na primeira década. O Plymouth Gin cresceu entre 20% e 40% anualmente enquanto estive envolvido. A Filofax cresceu gradativamente acima de 20% ao ano entre 1990 e 1997, com um máximo de crescimento anual de 111% entre 1982 e 1987. A LEK cresceu 100% ao ano na minha época. A Betfair cresceu entre 100% e 300% em seus três primeiros anos, antes de desacelerar até uma taxa mais normal de 30% a 50% por ano.

As empresas-ícone norte-americanas, tais como Ford, GE, McDonald's, IBM, Xerox, Dinsey, Mars e Intel cresceram entre 20% e 50% ao ano durante décadas. A Coca-Cola cresceu mais de 10% ao ano por um século. Mais recentemente, estrelas como Microsoft, Starbucks, Amazon e Google cresceram entre 20% e 50% ao ano.

Fixe o objetivo de um crescimento de 20% a 30% ao ano, no mínimo, para sua estrela. Na primeira década, um crescimento anual de 50% a 100% é melhor. Outra opção: considere sua taxa de crescimento corrente, e fixe o objetivo de dobrá-la.

Sete maneiras de fazer sua estrela crescer mais rápido

Vamos começar com o mais importante.

1. Eleve a taxa-alvo de crescimento

Qualquer que seja seu crescimento-alvo, ele quase com certeza é muito baixo. As estrelas possuem uma posição dominante em um mercado em grande crescimento. As estrelas nunca devem crescer menos rápido do que a taxa média da sua categoria.

2. Expanda-se geograficamente

Esse foi o segredo das empresas britânicas do século XIX e das empresas norte-americanas, japonesas e sul-coreanas do século passado. A maioria dos empreendimentos-estrela deve visar a conquista do mundo.

3. Inove — novo valor

Em geral, as estrelas se expandem fornecendo a um grupo desconsiderado de clientes um novo produto que eles adoram: uma mistura diferente de atributos de produto que incorporam grande valor. No entanto, diversos empreendimentos-estrela não recriam um novo valor todos os anos. Parte do crescimento notável da Betfair pode ser explicado pelo lançamento da aposta *in-play*, que nunca tinha sido oferecida antes. O crescimento deriva do aprofundamento do relacionamento com os clientes, proporcionando-lhes cada vez mais.

4. Inove — novos produtos

A regra prática em relação a novos produtos é: "poucos, importantes, essenciais". Em geral, uma grande variedade de produtos secundários dilui os esforços e a rentabilidade. Um ou dois produtos arrasa-quarteirão que podem ser vendidos para a mesma base de clientes são muito melhores. No século XX, a Coca-Cola obteve enorme crescimento a partir de apenas dois novos produtos: Fanta (que, curiosamente, foi inventada na Alemanha nazista) e TaB/Diet Coke.

5. Inove — novos canais

Assim como o uso do telefone e da internet pela Betfair, o mesmo produto pode muitas vezes ser vendido em quantidades muito maiores por meio da utilização de novos canais de distribuição.

6. Inove — novos clientes

Esse passo é mais arriscado, pois se afasta do valioso mercado principal que você criou. Os novos clientes podem desejar adaptações em seu produto, não beneficiando sua política de preços. A maneira mais segura de interessar os novos consumidores é considerar o produto existente e vendê-lo a um novo grupo de clientes, que seja *mais parecido com os clientes já existentes*. Um recurso clássico é se mover gradualmente para um mercado de maior poder aquisitivo ou de menor poder aquisitivo. A Honda, por exemplo, fixou-se inicialmente nos compradores de *scooters* e pequenas motos, e depois, pouco a pouco, atacou o mercado tradicional de motocicletas de maior cilindrada.

7. Aquisições incrementais

As aquisições são o caminho mais arriscado. Elas desviam a atenção do mercado principal e divergem do mix único de DNA, produtos e clientes que tornam o empreendimento-estrela tão bem-sucedido. As aquisições poderão ser proveitosas se forem pequenas e bem próximas do mercado principal já existente. Na Filofax, no início da década de 1990, depois que arrumamos o negócio principal, passamos a fazer diversas aquisições. Aquelas que eram mais próximas do negócio principal — como a aquisição dos distribuidores da Filofax em diversos países — foram bem-sucedidas. Aquelas que eram menos relacionadas — incluindo uma empresa de cartões de saudações — não foram. Teria sido muito melhor se não tivéssemos feito as aquisições, nos concentrado na inovação do negócio principal.

Quatro maneiras de não fazer seu empreendimento-estrela crescer

1. Diversificação — não se afaste da sua área central!
2. Aquisições não relacionadas — nunca!
3. Afastamento da função principal ou do grupo de clientes — o foco da Filofax em moda se esqueceu dos clientes principais, que simplesmente queriam se organizar melhor.
4. Introdução de produtos não afins — como quando a Coca-Cola passou a comercializar sem lucro suco de laranja e bebidas associadas a saúde.

Investir, investir, investir?

A prescrição clássica para negócios-estrela é "investir, investir, investir", para que cresçam o mais rápido possível. Isso ainda é importante nos dias de hoje? Isso confirma minha experiência de ganhar dinheiro? E que tipo de "investimento"?

A perspectiva de que o investimento dos velhos tempos é menos necessário revela-se nas fábricas, na produção e nas operações, em geral. A perspectiva original do BCG da década de 1960 era emoldurada por uma visão tradicional do grande negócio (já perdendo sua relevância na ocasião), em que o investimento em ativos físicos sólidos era essencial. Essa é uma história longa, e não devemos desviar nossa atenção por causa disso[16] — o importante aqui é que você deve, em geral, "terceirizar" o máximo possível suas operações, retendo apenas as poucas coisas que você faz de fato muito bem. Em particular, contrate outras pessoas para realizar tarefas para você.

Como você provavelmente não vai investir em fábricas, escritórios ou outros sorvedouros físicos de dinheiro, o que resta é *investimento em despesas*: os custos do seu pessoal, além do marketing externo. O encanto da estrelas é que elas exigem um investimento modesto para alcançar o ponto de equilíbrio financeiro. Depois disso, o investimento pode financiar o próprio fluxo de caixa da estrela.

Hoje em dia, a Betfair vale, no mínimo, 1,54 bilhão de libras, mas precisou de apenas 2,5 milhões de libras, aproximadamente — a maior parte fornecida por mim —, para alcançar o ponto de equilíbrio financeiro, e todos os recursos para expansão desde en-

16. Todo aquele interessado na transformação da nossa economia nos últimos cinqüenta anos pode ler minha interpretação, em Richard Kock e Chris Smith (2006), *Suicide of the West* (Londres: Continuum), Capítulo 5.

tão foram gerados internamente.[17] Investir 2,5 milhões de libras e obter um retorno de 1,54 bilhão de libras significa um retorno em dinheiro de mais de seiscentas vezes!

Esteja disposto a aceitar lucros menores para construir uma posição de mercado dominante. Enquanto você continua com um caixa positivo, os lucros de curto prazo são totalmente irrelevantes para o valor de longo prazo do negócio. Desenvolva o melhor produto e serviço do seu nicho, ganhando o máximo de distância dos seus supostos concorrentes.

A estrela investe em seu próprio crescimento; os aplausos dos clientes se expressam por meio do crescimento. O crescimento é o meio do sucesso e a evidência do sucesso. A diferença, a inovação e o crescimento são o que determina o êxito e o valor de uma estrela; mas o atributo mais importante é o crescimento.

Os empreendimentos-estrela merecem pessoas-estrela

Não é tão problemático ter pessoas comuns trabalhando em negócios comuns. No entanto, as empresas-estrela merecem os melhores funcionários em todas as funções: marketing, tecnologia, pesquisa, desenvolvimento de novos produtos, vendas, operações, finanças e inovações de todos os tipos. De fato, os negócios-estrela podem se arranjar com executivos médios, ou até abaixo da média, pois a força do conceito é muito grande. Porém, a diferença entre um empreendimento-estrela com pessoas comuns e outro com

---

17. É verdade que 3% de novas ações foram emitidas para o Softbank, em abril de 2006, mas isso ocorreu simplesmente porque os acionistas da Betfair não tinham suficientes ações disponíveis para satisfazer a participação que o Softbank desejava. Na ocasião, a Betfair possuía muitos recursos em caixa (como ainda possui) e não precisava do dinheiro.

pessoas de alto nível é surpreendente. Empreendimentos como eBay e Google são conceitos-estrela fantásticos, geridos extremamente bem. O custo adicional de pessoal de alto nível é mínimo em comparação com o benefício para um negócio-estrela.

No entanto, eis a dificuldade. Encontrar indivíduos de alto nível para seu empreendimento-estrela é complicado. Seu dinheiro não basta. Você precisa ser mais sutil e procurar pessoas de um tipo específico.

- ★ Contrate indivíduos que já trabalharam em empresas de crescimento muito rápido, de preferência em um empreendimento-estrela, pois eles compreendem o que significa o crescimento acelerado. E decerto estarão à procura de padrões suficientes de crescimento para eles mesmos e para os demais.
- ★ Contrate pessoas que combinem com o DNA do empreendimento e se encaixem nele. Cometi erros terríveis contratando funcionários que pareciam ideais, mas não compreendiam a questão do crescimento, não respeitavam a cultura da empresa que os contratara e tiveram de ser demitidos, acarretando grandes despesas e inconveniências; no entanto, tenho medo dos advogados especializados em causas de danos morais, e, assim, se você quiser aprender mais sobre o assunto, terá de me convidar para um drinque. Basta dizer que aprendi minha lição. Confie em mim: não contrate alguém que não seja completamente *simpático*.
- ★ Controle o processo de recrutamento de pessoal e envolva diversos colegas em cada decisão. Não confie em *headhunters*, cujo principal interesse é girar seu estoque. As possíveis novas contratações devem atender uma seção transversal da organização, incluindo o pessoal mais jo-

vem. Não deixe que um dos primeiros selecionadores dê sua opinião antes de todos terem entrevistado o candidato; caso contrário, a mentalidade gregária pode se estabelecer. Não empregue ninguém que tenha tido o voto contrário de, por exemplo, dois entre dez funcionários, mesmo se os contrários são os mais jovens.

★ Contrate para elevar o padrão. O ideal é que todo novo funcionário esteja 10% acima dos funcionários existentes. Assim, constantemente, a empresa ficará cada vez melhor.

Despenda muito esforço e tempo no recrutamento. Você evitará erros custosos (como os que freqüentemente cometi) e colherá frutos do que semeou.

O valor do conflito

As tensões e os conflitos saudáveis entre os executivos do empreendimento-estrela e os proprietários são bons, e, de acordo com minha experiência, necessários para maximizar o valor da estrela. É improvável que as expectativas irracionais emerjam sem certo estímulo e pressão a partir dos próprios executivos. Mesmo quando os executivos são grandes acionistas, eles estão inerentemente mais ligados à equipe administrativa do que aos proprietários do negócio (incluindo eles mesmos). Não sou psicólogo, e assim não sou capacitado para explicar o fato, mas tenho certeza de que ele existe, sendo uma das principais ameaças para a concretização do valor de qualquer empreendimento-estrela. Os executivos podem querer expandir seu negócio com rapidez, mas eles seriam sobre-humanos se se impusessem os objetivos mais exigentes concebíveis. No entanto, afirmo que apenas os objetivos mais extraordinários podem materializar o valor potencial de um negócio-estrela.

Se você considerar empresas como Coca-Cola, McDonald's, IBM e Microsoft, perceberá como quase todas subestimaram por completo seu possível crescimento de longo prazo.

O problema em relação aos fundadores que permanecem como executivos é que é muito difícil mudá-los, mesmo quando eles estão agindo claramente nos interesses dos administradores, e não nos dos proprietários. Nem todos os fundadores são assim — Bill Gates e Jeff Bezos são exceções heróicas —, mas a maioria dos que conheci é. Na realidade, pode ser uma condição para que o empreendimento-estrela concretize seu potencial a atitude dos fundadores de tomar partido firme dos proprietários e dirigir o negócio para o máximo crescimento; ou que eles, com toda a dignidade, se ponham de lado. Se você trabalha em um empreendimento-estrela, o que teria a me dizer a respeito dos seus fundadores?

Há um defeito fatal na governança corporativa, pois os proprietários de um negócio não são normal e fortemente representados no conselho administrativo. No Reino Unido, uma empresa com ações negociadas em Bolsa é, de fato, desestimulada a ter membros do conselho que são acionistas importantes, pois eles são classificados como "não independentes". Isso é uma grande tolice (e uma boa razão para os empreendimentos-estrela evitarem o mercado de ações o máximo de tempo possível e, de preferência, para sempre). Parafraseando Adam Smith, você não pode esperar que as pessoas que não são proprietárias — membros do conselho executivos ou não-executivos — tenham os mesmos interesses dos proprietários. Não são apenas os proprietários que sofrem as conseqüências. O mesmo acontece para todos os funcionários, pois nenhuma empresa não pressionada por proprietários muito exigentes alcançará seu pleno potencial; provavelmente, não chegará nem perto disso. A diferença — e me perdoe pela insistência — não é marginal. A diferença entre um empreendimento-estrela que concretiza seu potencial e um empreendimento "que trabalha suficientemente bem" envolve uma diferença de centenas, milhares ou milhões de pontos percentuais.

O valor da colaboração: mudando o papel dos fundadores

Se existe valor no conflito entre os proprietários e os fundadores, também existe valor na colaboração, sobretudo quando ela altera o papel dos fundadores. Se você for um proprietário importante, o que deverá fazer se o fundador se mostrar incapaz de alcançar o crescimento desejado por você? Uma maneira é tentar persuadi-lo a se afastar. Se ele não quiser se mexer, então que atitude tomar? Você tem duas opções. Ou persegue impiedosamente o objetivo de afastá-lo, forçando outros diretores a decidir se o fundador deverá ser destituído do cargo, ou tenta uma estratégia mais sutil, modificando o papel do fundador gradualmente, parte por parte. Poderá não haver a necessidade de afastar o fundador se uma outra pessoa receber a clara incumbência de acelerar o crescimento.

O Belgo fornece um exemplo excelente em relação a essa questão, que eu não consegui compreender na ocasião. Após três anos de grande sucesso, sentia-me desapontado com o fato de não abrirmos novas unidades com mais rapidez. O padrão se tornou evidente. Os rapazes encontrariam um novo local, todos nós o visitaríamos, faríamos as contas e então decidiríamos seguir em frente. Depois... nada mais aconteceria. Sempre surgiam problemas com o local ou com os planos. No fim, André e Denis diriam que o local não funcionaria e voltaríamos ao começo.

Enfim, fiquei tão frustrado que decidi vender o negócio — antes do que gostaria —, pois nós não conseguíamos chegar a um acordo a respeito das expectativas de crescimento (as minhas permaneciam firmemente irracionais). Alguma outra pessoa poderia expandir a cadeia de restaurantes mais rápido do que nós conseguiríamos. Isso foi muito bom para nós em termos financeiros, mas ainda lamento a oportunidade perdida de expandir a estrela Belgo por nós mesmos.

Mais tarde, refleti sobre isso tudo. A verdade é que encontrar, projetar e abrir novos restaurantes é um trabalho árduo. Ainda que André e Denis se sentissem felizes em continuar naquilo em que eles eram realmente excelentes — isto é, infundir entusiasmo e a autêntica sensação Belgo em cada nova unidade, treinando a equipe, desenvolvendo uma clientela fiel para cada local e ganhando publicidade para o grupo através de brincadeiras —, estavam cansados do trabalho duro que precedia cada abertura. Por que eles não disseram? Por que eu fui tão tolo e não percebi? Por que não enfrentamos a verdade e delegamos a descoberta e preparação de novos Belgos para outra pessoa, contratada para desempenhar esse papel? Os fundadores teriam desfrutado de uma vida adequada e trabalhado a magia deles em graus cada vez mais altos. E teriam permanecido no longo prazo. E eu poderia ter tido o crescimento que queria.

Conclusão

O crescimento é tudo. Os empreendimentos-estrela devem crescer pelo menos de 20% a 50% por ano, na sua primeira década. Essa taxa de crescimento está muito além da maioria da experiência das pessoas, tanto que um imenso esforço é necessário para impor "expectativas irracionais". De acordo com George Bernard Shaw, todo progresso procede de pessoas irracionais. Essa verdade dever ser gravada nos corações de todos aqueles que trabalham em empreendimentos-estrela, ou são proprietários de um.

CAPÍTULO 16

O APAGAR DA ESTRELA

Você não sabe o que tem até não tê-lo mais.

Joni Mitchell

E se sua estrela começar a se desvanecer? De acordo com a teoria do negócio-estrela, essa é uma situação grave. Como estrela, o empreendimento tem muito valor. Se ele deixa de ser estrela, seu valor pode despencar.

Como isso se explica? Parece uma teoria um tanto draconiana. Vai contra o senso comum que um movimento na taxa de crescimento do mercado — por exemplo, de 25% para 5% ao ano — signifique que o valor da estrela irá se reduzir a pó. Também parece exagero afirmar que a perda da liderança de mercado, mesmo quando não acompanhada por uma perda de vendas, seria um desastre completo.

No entanto, é. Essa perda do *status* de estrela é uma tragédia empresarial, que pode ser substanciada, tanto na teoria como na prática.

A TEORIA

Um empreendimento-estrela é muito valioso porque possui quatro atributos combinados.

1. Atua em um mercado em grande expansão e, assim, durante um longo período de tempo, e enquanto ele mantém sua participação de mercado, aumentará suas vendas imensamente.
2. É o líder de mercado e, desse modo, será muitíssimo lucrativo, quer porque apresenta custos menores que os concorrentes (capaz de diluir os custos fixos em um volume maior), quer porque, como a opção mais popular, impõe preços maiores; ou por ambos os motivos.
3. Com maior experiência do que os concorrentes, e com custos enquanto porcentagem das vendas tendendo a declinar, tanto seus lucros percentuais (sobre as vendas) como seus lucros em relação aos concorrentes tenderão a aumentar. Os lucros também aumentam por causa do crescimento do mercado, mas os lucros devem crescer mais rápido do que as vendas. Em um mercado normal, a lucratividade é limitada pela competição. Num mercado-estrela, a lucratividade é limitada apenas pelo que os clientes pagarão.
4. Por causa da lucratividade alta e crescente, e porque os concorrentes não podem forçar os empreendimentos-estrela a fazer investimentos que consomem recursos, as estrelas provavelmente acumulam muito dinheiro em caixa. É de esperar que, para um empreendimento florescente, o crescimento possa normalmente ser financiado pelo fluxo de caixa. O patrimônio dos proprietários não é diluído pela necessidade de levantar recursos e emitir novas ações. Todo o crescimento vai para os acionistas já existentes, e nada para os novos.

É difícil compreender intuitivamente a maravilha dessa combinação de benefícios. Por isso, vamos apresentar alguns números, a título de exemplo.

A Empresa A é uma estrela e conserva sua liderança em um mercado que cresce 25% ao ano. Ela começa com vendas de 10 milhões de dólares ao ano e com um retorno sobre as vendas de 20%, obtendo um lucro de 2 milhões de dólares antes doss impostos. Depois da cobrança de 30% de impostos, o lucro é de 1,4 milhão de dólares. Como seu lucro está crescendo rápido, o valor da empresa é estimado em 25 vezes seu lucro depois dos impostos (em jargão financeiro, é uma razão preço/lucro de 25). Isso faz a Empresa A valer 35 milhões de dólares.

A Empresa B (em um mercado diferente) começa na mesma posição da Empresa A, também valendo 35 milhões de dólares. No entanto, a Empresa B é uma estrela em desvanecimento. Sua taxa de crescimento de mercado cai para 5% ao ano. A empresa não perde participação de mercado, mas passa a ser uma *vaca leiteira*.

Depois de dez anos, a magia da aritmética composta levou a Empresa A a vendas de 93 milhões de dólares. Por causa da maior experiência, da partilha de custos e da falta de concorrência eficiente, no Ano 10 o retorno da empresa sobre as vendas cresceu 40%. O lucro atingiu 37,3 milhões de dólares antes dos impostos e 26,1 milhões de dólares depois. Assumindo a mesma razão preço/lucro de 25, o empreendimento vale agora 652 milhões de dólares, quase 19 vezes mais do que antes.

Para a Empresa B, a vaca leiteira, as vendas atingiram apenas 16,3 milhões de dólares. Seu retorno sobre as venda permanece em 20%, e seu lucro alcança 3,3 milhões de dólares antes dos impostos e 2,3 milhões de dólares depois. Devido ao menor crescimento do lucro, sua razão preço/lucro caiu para 12,5, metade do nível anterior. A Empresa B vale agora 28,5 milhões de dólares, menos do que dez anos antes, quando a expectativa de se tornar uma estrela garantiu-lhe uma avaliação maior. A Empresa B vale menos do que um vigésimo da Empresa A, tudo porque o crescimento do mercado é declinante.

A Empresa C (também em um mercado diferente das Empresas A e B) começa na mesma posição das duas outras empresas. A Empresa C enfrenta concorrência e perde sua posição de estrela. No início, a Empresa C controla 40% do mercado, e sua concorrente mais próxima, 20%. No Ano 10, essas posições mudaram, e a Empresa C agora é um negócio do tipo *ponto de interrogação*. O mercado continua a crescer 25% ao ano; tudo o que mudou é a perda de participação de mercado. No entanto, isso tem algumas conseqüências graves. O retorno sobre as vendas cai para 10%, e a razão preço/lucro para 12,5 vezes. O que também preocupa os proprietários da Empresa C é a mudança de caixa positivo para caixa negativo, e assim o empreendimento precisa de mais dinheiro para sustentar seu crescimento. A empresa tem de levantar recursos dos acionistas; os acionistas originais, se não investirem mais dinheiro, terão sua participação acionária reduzida à metade.

Quando a aritmética é levada para o Ano 10, a Empresa C apresenta vendas de 46,6 milhões de dólares, lucros antes dos impostos de 4,7 milhões de dólares e de 3,3 milhões de dólares depois. Multiplicando 3,3 milhões de dólares por 12,5, obtemos o valor da empresa: 41,3 milhões de dólares. No entanto, apenas metade disso vai para os acionistas originais, e assim sua participação vale 20,6 milhões de dólares, muito menos do que dez anos antes e menos do que um terço do valor da Empresa-estrela A.

Para recapitular a posição dos acionistas originais:

Empresa	Valor inicial	Valor no Ano 10	Começou como	Terminou como
A	35 milhões de dólares	652 milhões de dólares	Estrela	Estrela
B	35 milhões de dólares	28,5 milhões de dólares	Estrela	Vaca leiteira
C	35 milhões de dólares	20,6 milhões de dólares	Estrela	Ponto de interrogação

O valor do Ano 10 para os acionistas em comparação com o início é:

Empresa		
A	Estrela	1.863% da posição inicial
B	Vaca leiteira	81% da posição inicial
C	Ponto de interrogação	59% da posição inicial

O valor do Ano 10 para os acionistas em comparação com o valor da Empresa A é:

Empresa		
A	Estrela	100%
B	Vaca leiteira	4%
C	Ponto de interrogação	3%

Não estamos levando em consideração a pior das hipóteses, e, em última análise, o resultado mais provável de uma estrela caída: ela se tornar quase um cão sem valor.

A PRÁTICA

Quase toda empresa que multiplica seu valor faz isso porque é um negócio-estrela.

Vimos dezenas de exemplos de crescimentos expressivos em relação a empreendimentos-estrela. Você pode citar um único caso de um empreendimento em mercados competitivos normais — excluindo recursos naturais, como petróleo e terras — que apresentou um crescimento em valor muito mais rápido que outras empresas, mas não é um negócio-estrela?

Por outro lado, existiram diversos exemplos em que negócios-estrela de muito valor sofreram depois de perder sua posição de estrela. A Ford Motor Corporation era uma das empresas mais valiosas do mundo por volta de 1920, antes de perder sua posição de estrela. Hoje em dia, é um cão financeiramente frágil.

Empresas britânicas de alta tecnologia, como a ICL, em informática, a Thorn-EMI, em equipamentos eletrônicos para medicina, e a Psion, para organizadores eletrônicos, foram outrora estrelas muito valorizadas, mas perderam suas posições de liderança e a maior parte do seu valor. Quase toda indústria de motocicletas britânica entrou em colapso após perder sua posição de estrela para empresas norte-americanas e japonesas. O valor da Firestone implodiu na década de 1970 depois que a empresa perdeu sua posição de estrela na fabricação de pneus para automóveis.

Uma tragédia ainda pior atingiu a Xerox Corporation. A Xerox foi uma das empresas mais valiosas do mundo nas décadas de 1960 e 1970, com base no seu controle do mercado de copiadoras, que apresentava grande crescimento. A Xerox inventou a fotocopiadora em 1959, e em 1965 sua receita tinha crescido para mais de 500 milhões de dólares, o equivalente a 3 bilhões de dólares atualmente. No entanto, a Xerox foi uma estrela que desvaneceu mal. Em 1982, a ela perdeu sua liderança no mercado de fotocopiadoras de tamanho médio para a Canon. Entre 1976 e 1982, a Canon lançou mais de noventa modelos novos de copiadoras. A Canon depois arrebatou a posição de estrela da Xerox no mercado das copiadoras coloridas.

Ficou ainda pior. Em 1970, o centro de pesquisa Xerox PARC foi inaugurado em Palo Alto, na Califórnia. Rapidamente, o centro desenvolveu um imenso tesouro de nova tecnologia, que poderia ter tornado a Xerox a empresa mais valiosa da história. Em três anos, os pesquisadores do PARC criaram o Xerox Alto, um microcomputador equivalente a uma estação de trabalho e um computador pessoal. O alto escalão da Xerox achou que o produto não tinha potencial de vendas. O Xerox PARC continuou trabalhando e inventou um software do tipo Windows, o *mouse*, a impressora a *laser*, o escritório sem papel e a Ethernet. Todos os produtos tinham potencial para se tornar empreendimentos-estrela, mas nunca foram comercializados pela Xerox.

Em 1979, Steve Jobs, o chefe da Apple Computer, visitou o Xerox PARC. Imediatamente, Jobs detectou o potencial do computador pessoal e do *mouse*. Há muitos anos, a Xerox tem sido uma empresa de baixo crescimento, e seu valor de mercado atual é de apenas 14 bilhões de dólares, uma pequena fração do valor de diversas empresas-estrela que exploram suas invenções. Só a Apple vale 65 bilhões de dólares, quase cinco vezes o valor da Xerox.

Quando a Filofax desvaneceu — duas vezes!

A Filofax perdeu seu *status* de estrela duas vezes — no final da década de 1980 e de novo dez anos depois. Vimos como uma concorrente com preços baixos ameaçou sua liderança de mercado, e como superamos essa ameaça. Em quatro anos, suas ações foram negociadas constantemente acima de 279 *pence*, cerca de 21 vezes a cotação de 13 *pence*, que representou o fundo de poço, em 1990.

No final de década de 1990, no entanto, a taxa de crescimento do mercado para organizadores de papel caiu de 10% a 20% ao ano para cerca de 5% ao ano. A Filofax tornou-se uma vaca leiteira, ainda lucrativa, mas não tão valiosa. Quando vendemos o negócio em 1998, por 210 *pence* cada ação, esse valor estava bem distante do pico, e tivemos sorte de conseguir essa importância.

Enquanto se mantém a liderança de mercado, a transição de um negócio-estrela para uma vaca leiteira, quando o mercado desacelera, não é tão ruim como a transição de estrela para ponto de interrogação pela perda da liderança de mercado. Porém, é difícil lidar com a desaceleração de mercado. Desde que a ameaça de um concorrente seja percebida a tempo, desde que a empresa-líder esteja disposta a mudar sua maneira de conduzir o negócio, para levar vantagem sobre a empresa emergente — com certeza, dois grandes "ses" — então as estrelas podem em geral continuar sendo estrelas. A perda do crescimento de mercado é mais difícil de ser revertida.

Será que a Filofax poderia ter restaurado o crescimento do mercado? Havia certos países, sobretudo a Suécia e a Suíça, onde os organizadores em geral, e a Filofax em particular, tinham grande proeminência e promoção. Alguns membros do conselho de administração sustentaram que, se a Filofax mostrasse o mesmo empenho em outros mercados importantes, nós poderíamos voltar a acelerar o mercado. Outros membros observaram que, embora a Suécia e a Suíça tivessem a maior penetração de organizadores *per capita*, esses dois países já alcançavam a maturidade, ao mesmo tempo que outros países.

Costumo ser a favor de recuperar os mercados debilitados, pois uma estrela é muito mais valiosa do que uma vaca leiteira. Nesse caso, no entanto, aquela parecia ser uma missão impossível. No final da década de 1990, cada vez mais clientes da Filofax utilizavam seus telefones celulares (e, em menor grau, organizadores eletrônicos) para armazenar números de telefone e endereços. A partir daí, foi um salto curto para o uso também das agendas eletrônicas.

Nunca venda uma estrela ou uma estrela desvanecida que pode recuperar a liderança. No entanto, uma ex-estrela deve ser vendida antes de o dano se tornar totalmente evidente.

Betfair em risco

Agora que a Betfair é extremamente valiosa, é difícil imaginar quantos riscos ela correu nos primeiros tempos. As grandes e tradicionais casas de apostas inglesas exerceram uma longa e forte pressão para proibir o funcionamento das empresas de trocas de apostas. Quando perderam essa batalha, passaram a pressionar em favor de impostos adicionais sobre as trocas e sobre os usuários. No fim, todas essas iniciativas falharam. No entanto, a ameaça mais séria que a Betfair enfrentou em seus primeiros dias, pouco depois do meu investimento, foi da Flutter, uma empresa concorrente.

Fiz meu investimento em abril de 2001, quando a Betfair superava a Flutter em uma proporção de 10 para 1. A Flutter tinha um capital de risco de 45 milhões de dólares para investir. A Betfair começara quase sem capital, e tinha pouquíssimo dinheiro em caixa antes de eu investir meu relativamente irrisório 1,5 milhão de dólares. A maioria dos analistas considerava a tecnologia da Flutter superior à da Betfair. O gerente de tecnologia da Flutter, um perspicaz norte-americano chamado David Yu, vinha planejando uma investida firme contra a participação de mercado da Betfair. Eu desconfiava de que a Betfair estava perdendo participação de mercado para a Flutter, mas isso era negado pela administração da Betfair. Mais tarde, evidenciou-se que a perda de participação de mercado era ainda mais séria do que eu suspeitava. De dez vezes maior que a Flutter no início de 2001, a Betfair era apenas três vezes maior no final do ano. A persistir essa tendência, a Flutter logo ultrapassaria a Betfair.

Como a Betfair não via o que estava acontecendo? Bem, lembre-se de que a Betfair vinha crescendo mais de 30% ao mês. Dobrava de tamanho a cada trimestre. Quão mais rápido uma empresa poderia querer crescer? Quão mais rápido ela poderia crescer?

Além disso, a maioria dos líderes de mercado acredita que são muito melhores do que os concorrentes, e assim fica difícil crer que as empresas rivais estão ganhando terreno. Como é normalmente o caso em novos nichos de mercado, não havia informações disponíveis sobre participação de mercado. Como a Betfair não percebeu?

Eu achava que tínhamos que manter nossa posição de estrela a todo custo. Mas como? Para derrotar a Flutter seria necessário muito dinheiro, que nós não tínhamos. Mesmo se conseguíssemos levantar mais recursos, os capitalistas de risco tomariam a maior parte da empresa de nós. A solução mais simples e elegante foi fundir as duas empresas, o que fizemos em dezembro de 2001.

Sem dúvida, ambas as empresas esperavam ganhar com isso, no entanto, para ser honesto, a Betfair beneficiou-se mais que a Flutter. Os acionistas da Betfair ficaram com 70% da nova empresa, e os da Flutter, com 30%. David Yu tornou-se o diretor de tecnologia da Betfair, e, no fim, seu executivo-chefe. Fiquei bem aliviado.

A fusão recebeu o codinome de "Bola de Neve", pois esperávamos que a liquidez combinada resultasse em um efeito bola de neve. E foi isso o que aconteceu. O crescimento mensal de Betfair saltou de cerca de 30% para 65%. Muito mais importante para mim, no entanto, foi que a Betfair se transformou de uma estrela vacilante em uma estrela dominante. De uma liderança de três vezes em relação à sua concorrente mais próxima passou a ter uma liderança de dez vezes, uma margem mantida desde então.

E se sua estrela começar a se apagar?

Se a ameaça partir de uma concorrente, encontre uma maneira de reverter essa dinâmica e siga em frente. Faça tudo o que for preciso. Identifique por que a concorrente está ganhando e depois leve a melhor. Fique paranóico com a competição. Considere se você pode inventar uma nova posição de estrela que seja adjacente ao seu empreendimento corrente. Se existir apenas um único rival sério em seu nicho, considere a fusão. A longo prazo, no entanto, a salvação requer inovação sustentável e em grande quantidade, e a capacidade de proporcionar valor magnífico para seus clientes principais.

Se o problema for crescimento do mercado declinante, você tem uma alternativa. Se a desaceleração do mercado for inevitável, aceite o fato com naturalidade e considere a possibilidade de vender seu empreendimento. Se você achar que pode voltar a ter um crescimento de mercado acima de 10% ao ano, faça isso.

Conclusão

Em geral, o valor de um empreendimento-estrela cresce muitíssimo. Se ele perder sua posição de estrela, a oportunidade perdida será muito grande. Portanto, esforce-se o mais possível para manter sua estrela em ascensão.

RESUMO

O QUE DESCOBRIMOS?

Apenas segredos insignificantes precisam de proteção. As grandes descobertas ficam protegidas pela incredulidade do público.

Marshal McLuhan

O QUE LEVARÁ VOCÊ AO SUCESSO?

- ★ Deixe de lado a vaidade. Não tem nada a ver com sua capacidade.
- ★ Deixe de lado o puritanismo. Não tem nada a ver com a quantidade de trabalho.
- ★ Deixe de lado suas aspirações sociais. Não tem nada a ver com as pessoas com quem você trabalha.

O que levará você ao sucesso é estar no lugar certo. Encontre o lugar certo para trabalhar ou investir. Encontre um tipo de negócio incomum, que você poderá descobrir se souber exatamente o que está procurando.

Ache um empreendimento-estrela. Ou invente um. Ou simplesmente seja um dos primeiros funcionários ou investidor em um negócio assim.

Lembre-se do velho ditado que diz: quem procura acha. Através de uma experiência afortunada, e da tentativa e erro, descobri como são maravilhosos os negócios-estrela, e como encontrá-los.

O QUE É EXATAMENTE UM NEGÓCIO-ESTRELA?

Eu tinha 25 anos quando encontrei por acaso o conceito de "estrela", criado por Bruce Henderson, fundador do Boston Consulting Group, alguns anos antes de eu ter ido trabalhar ali.

Um negócio-estrela, de acordo com Bruce, possui duas qualidades:

★ deve ser líder em seu nicho de mercado, e
★ o nicho de mercado deve apresentar um crescimento acelerado.

Nos primeiros tempos, um negócio pode ser incerto e muito pequeno. No entanto, se ele atende às duas condições descritas acima, você pode ter certeza de que, algum dia, será muito grande e valioso.

Você pode utilizar a definição de negócio-estrela para criar um empreendimento assim de modo deliberado.

O PODER DA IDÉIA-ESTRELA

Desde que aprendi o segredo dos empreendimentos-estrela de Bruce Henderson, passei a trabalhar e investir em negócios-estrela. Tenho me divertido a valer. Nas últimas três décadas, me envolvi com cinco empreendimentos-estrela. Todos foram muito bem-sucedidos. O retorno médio foi de dez vezes o dinheiro que investi. O melhor até agora deu um retorno de 53 vezes.

A fórmula da estrela realmente funciona. Não é apenas a minha experiência. É fácil verificar que toda empresa de muito sucesso, quase sem exceção, é ou foi um empreendimento-estrela.

O truque é identificar o empreendimento-estrela quando ele ainda está no começo, mas já é claramente uma estrela; o líder em um nicho de grande crescimento. Vá trabalhar na estrela, ou invista dinheiro nela. Ou invente sua própria estrela.

Uma vez que você percebe o poder das estrelas, sua vida profissional se transforma. Acredite na idéia-estrela. Atue sobre ela. Ela vai libertá-lo.

As estrelas são para todos

As estrelas não são apenas para as pessoas que desejam ser empreendedoras, mas para todos que trabalham. Se você não estiver trabalhando em um empreendimento-estrela, olhe ao redor e ache um para trabalhar nele. O melhor de todos será um que acabou de iniciar suas atividades, que possui apenas alguns poucos funcionários mas que está se expandindo depressa.

É muito mais divertido trabalhar para uma estrela, pois você aprenderá mais, desenvolverá novas habilidades, será importante, será promovido mais rápido. Em breve, você ganhará mais e provavelmente receberá bônus robustos. E opções de ações. Além disso, a oportunidade de comprar ações como funcionário pode facilmente enriquecê-lo.

Há um mito a respeito dos empreendedores; que eles são exploradores solitários, visionários, os criadores do seu próprio sucesso. De certa maneira, é um mito útil, pois gera uma aura romântica para o mundo dos negócios. Existe muito mais romantismo e diversão no mundo dos negócios do que a maiorias das pessoas imagina, e assim qualquer coisa que confira glamour é boa.

No entanto, o mito do empreendedor sofre de um inconveniente: não é verdadeiro.

Nunca há apenas uma pessoa-chave em um empreendimento de risco que cresce rápido e muito. Exceto os pequenos empreendimentos, que são um veículo pessoal do fundador e continuam pequenos, o caráter de um empreendimento deriva não de uma ou duas pessoas, mas sim das interações dos primeiros funcionários; em geral, as primeiras dez ou vinte pessoas. O DNA da empresa deriva desses primeiros funcionários, das suas idéias e ações, e não apenas das do fundador ou fundadores.

Todos esses primeiros funcionários são, de fato, empreendedores. O empreendedor solitário é um mito. O empreendedor multicabeças é a realidade.

Ainda que você nunca tenha pensado em se tornar um empreendedor, mesmo se nunca cogitou iniciar um negócio, pode se tornar um empresário! Ao se tornar um dos primeiros funcionários, você participa da decolagem do empreendimento. Acredite-me, nada é tão divertido, e nada aprofunda mais sua vida. Se você ganhar um milhão de dólares, não significará apenas que prosperou. Significará também que você mudou. A experiência de trabalhar em um empreendimento-estrela o transformará.

A ARTE DE CRIAR ESTRELAS

Ao afirmar que você deve procurar um empreendimento-estrela estamos apenas dizendo que deve criar um negócio de sucesso?

De forma alguma. A idéia-estrela é incomum, específica e o fará parar de perder tempo.

A maioria dos negócios não lidera seu nicho. Poucos nichos conseguem crescer 10% ao ano.

De 95% a 99% dos novos empreendimentos não são estrelas. Para cada vinte idéias que você tem, pode descartar 19 com toda a segurança, pois não serão idéias para um empreendimento-estrela. Isso economiza muito dinheiro, suor, trabalho duro e lágrimas.

Os empreendimentos-estrela são raros. As condições são difíceis. Por que, então, eu sustento que criar um novo e grande negócio-estrela é possível?

Porque você terá uma vantagem inicial se souber exatamente o que está procurando. Eu sistematizei o que sei, o conhecimento alcançado a partir da procura de empreendimentos-estrela, de algumas vezes encontrá-los e de outras não. Acho que agora tenho o *know-how* para empreender a tarefa. E tomei nota de tudo; assim, você pode criar sua própria estrela.

ESTRELAS DE NASCENÇA *VERSUS* "IMPULSO PARA O ESTRELATO"

Dois dos meus cinco empreendimentos, o Belgo e a Betfair, foram estrelas desde o início. Eles criaram novos nichos, que cresceram muito rápido. Minhas outras três estrelas alcançaram o estrelato depois de alguns anos.

A Filofax só se tornou uma estrela no final da década de 1970, mais de meio século depois da sua fundação. David Collischon acrescentou uma nova dimensão — a do acessório de moda — ao organizador pessoal. David mostrou como uma vaca leiteira pode se converter em uma estrela, transformando o conceito do produto.

Quando ajudei a recuperar a Filofax, em 1990, seu crescimento tinha desacelerado por causa de uma concorrente de custos mais baixos; nós impedimos a empresa de se tornar uma ex-estrela (e um ex-negócio). O conceito do organizador se desenvolveu ainda mais, com o mercado de massa se tornando maior do que o dos varejistas de moda. A Filofax foi uma vítima do seu próprio sucesso, apegado ao passado recente. Uma estrela que está afundando é muitas vezes uma perspectiva atraente, desde que você saiba como transformá-la em uma estrela novamente.

Em 1996, quando meus sócios e eu adquirimos a Plymouth Gin, ela não era apenas uma ex-estrela: tinha quase ido ao encontro do Criador. No entanto, décadas atrás, fora uma estrela, e vimos uma oportunidade de recriar a estrela no mercado de gim, que, naquela ocasião, era muito grande, lucrativo e com pouco brilho. Surpreendentemente, existiam apenas quatro gins de alta qualidade no mundo. Nosso objetivo foi criar o quinto e alcançar a liderança no mercado de gins de altíssima qualidade, primeiro no Reino Unido, e em seguida — esperávamos — em todo o mundo. Talvez fosse uma ambição desmedida, pois tudo o que comprometemos no negócio foi algo em torno de 1,5 milhão de libras.

Fizemos algum progresso realçando a grande herança da marca, mas não foi suficiente. Sabíamos que o Plymouth era um gim especial, com um sabor muito distinto e muito apreciado pelos aficionados. Nosso caminho para o estrelato foi aumentar o grau alcoólico da bebida, para realçar o sabor. A estratégia funcionou, indo muito além dos nosso sonhos mais extravagantes.

A história revela que podem existir brechas surpreendentes no mercado, mesmo em um mercado tão grande e atraente como o de gim. Para criar seu próprio nicho, encontre um benefício real para o consumidor que atualmente está negligenciado.

Minha quinta estrela, a LEK Consulting, precisou de um impulso para o estrelato. Nós descobrimos que a imitação não poderia nos conduzir a ele. Assim, tínhamos de encontrar um caminho *diferente*, um que fosse próprio e refletisse nosso DNA. Era preciso escutar o que o mercado nos dizia, e nos especializar nos produtos únicos que criamos na base do desespero.

Ao observar a história das minhas estrelas, voltei a trabalhar com os elementos comuns a partir dos quais o estrelato foi criado.

Como criar seu empreendimento-estrela

Em primeiro lugar, você precisa de uma idéia-estrela. Vimos em detalhes como criar uma idéia, mas o resumo é o seguinte.

★ *Invente um novo nicho* dividindo o mercado existente em dois: o mercado antigo e tradicional, e seu novo mercado. Para ser a base de um empreendimento-estrela, o novo nicho deve:

☆ crescer rápido;

☆ visar um conjunto único de clientes ou de preferências do cliente;

☆ proporcionar um conjunto distinto de benefícios em relação ao mercado principal, fazendo algo que o mercado principal não faz, e não fazendo algumas das coisas que o mercado principal faz;

☆ apresentar "variação lucrativa"; suprir em maior quantidade o novo produto que satisfaz os clientes-alvo, e ainda ter margens mais robustas para sua empresa;

☆ ter um nome de nicho claro; e

☆ ter um nome de marca forte, que complementa o nome de nicho.

★ *Para inventar o novo nicho,* juntar alguns amigos de confiança e gerar idéias em discussões em grupo, utilizando os gatilhos expostos no Capítulo 9. Desenvolver uma lista de possíveis idéias e avaliar qual delas é a melhor.

Beneficiar-se a partir da estrela de alguém

Você não precisa criar um empreendimento-estrela para se beneficiar de um. Em vez disso, pode procurar uma "estrela recém-nascida" e trabalhar ou investir nela. A Betfair foi de longe minha estrela mais lucrativa, e, no entanto, não inventei o conceito, nem investi desde o início. Achei uma estrela recém-nascida depois de alguns meses da sua fundação. Eu sabia que era uma estrela, e investi o máximo possível de dinheiro no negócio.

Tampouco você precisa de recursos financeiros. Pode se beneficiar muito indo trabalhar em uma estrela recém-nascida. Se você possuir ambição normal e interesse no trabalho, será muito mais divertido e saudável ligar-se a um empreendimento-estrela.

Embora as estrelas sejam raras, se você souber o que está procurando, não demorará para encontrar sua estrela. Serão necessárias apenas energia e determinação.

Estrelas falsas e não-estrelas

Nem todos os empreendimentos que eu achava que se tornariam estrelas confirmaram minha previsão. É fácil se enganar no plano das idéias.

No entanto, depois que o empreendimento já tem alguns meses, fica fácil reconhecer uma estrela falsa, pois a nova categoria não se revelou realmente distinta do mercado principal, nem o nicho cresceu muito rápido, e tampouco gerou uma estrutura de clientes fiéis. O novo empreendimento não é muito lucrativo, e não parece que será algum dia.

Se você trabalha, ou investe, em uma estrela falsa, afaste-se e ache uma estrela real, a não ser que tenha muita confiança de que o empreendimento possa se tornar uma estrela real por meio de algum movimento radical. Reserve sua energia, ou dinheiro, para estrelas reais.

A estrela decola

Para uma estrela recém-nascida decolar, a idéia-estrela tem de ser transformada em uma fórmula comercial que funciona na prática. É aí que os primeiros vinte funcionários — o empreendedor multicabeças — provam seu valor. Para decolar, quatro fórmulas devem ser dominadas:

1. a fórmula de atração do cliente: a forma comprovada de conseguir uma quantidade cada vez maior de clientes fiéis;
2. a fórmula comercial: a forma de obter margens robustas;
3. a fórmula de entrega: a forma de criar uma máquina que entrega produtos uniformes e de alta qualidade, em grande escala; e
4. a fórmula de inovação: a forma de transformar a inovação em modo de vida, e assim seu produto fica sempre muitos quilômetros à frente dos produtos dos concorrentes.

Crie quatro equipes pequenas — provavelmente um fundador e dois funcionários em cada — responsáveis por desenvolver cada fórmula e fazê-las funcionar.

Depois da decolagem da estrela, nada — exceto um desastre grave ou um concorrente mais inovador — poderá impedir o vôo em altitudes cada vez maiores.

Evolua até se tornar uma estrela

Se você tem um empreendimento que não é estrela, não é nada bom, mas também não é desesperador. Por que não tentar evoluir até se tornar uma estrela? Você não tem nada a perder, e pode ser que conquiste o mundo.

- ★ Discuta em grupo possíveis idéias-estrela que sejam próximas do seu empreendimento já existente ou das suas capacidades.
- ★ Migre seu produto. Diferencie-o. Torne-o especial, com algo que sabe que seus clientes gostarão e que você poderá produzir com baixo custo. Algo que você pode "orquestrar", ficando no meio de uma rede ou de relacionamentos com fornecedores, fazendo o mínimo possível por si mesmo, a não ser a parte de manter contato com clientes e recebendo seu dinheiro. Migre para um produto que será difícil de a concorrência suprir.
- ★ Migre seu DNA. Diferencie sua empresa. Crie diversidade interna, uma trama única. Identifique um grupo de clientes e contrate pessoas que se identificarão naturalmente com esse grupo e desejarão servi-lo com brilhantismo. Estimule a experimentação inteligente em todos os níveis, de todas as maneiras, todo o tempo. Transforme isso em um modo de vida. Crie um novo tipo de empresa.
- ★ Migre sua base de clientes-alvo. Fique com um único conjunto de clientes, ou de preferências de cliente, ajustado de modo ideal aos seus produtos e DNA.

A evolução é maravilhosa. É a raiz de todo o progresso. Criar uma nova espécie de empresa é a maior e mais recompensadora arte do empreendedor.

A estrela em desvanecimento

Enquanto estrela, um empreendimento tem um valor muito alto. Se deixa de ser estrela, seu valor cai verticalmente. Uma ex-estrela é uma tragédia empresarial.

Poucos *insiders** identificam isso dessa maneira e no momento oportuno. Em geral, o risco da perda do *status* de estrela e suas conseqüências são totalmente subestimados. A Filofax perdeu seu *status* de estrela duas vezes, e seu valor caiu muito nessas duas ocasiões. A Betfair quase perdeu seu *status* de estrela. Se isso tivesse acontecido, os acionistas teriam ficado mais de um bilhão de libras esterlinas mais pobres.

Fique paranóico a respeito da possibilidade de perder participação de mercado para um concorrente. Verifique o que está acontecendo, identifique o que a maioria dos gerentes não percebe até ser muito tarde. Analise por que a concorrência vem ganhando terreno e depois leve a melhor sobre ela.

Se o problema for crescimento declinante do mercado, tente toda maneira razoável de fazer o mercado crescer rápido de novo. Se a perda do crescimento não puder ser revertida, venda o empreendimento antes de a mudança de perspectiva ficar totalmente evidente.

Em geral, o valor de um empreendimento-estrela cresce rapidamente. Se ele perde seu *status* de estrela, a perda de oportunidade é enorme. Faça de tudo para manter sua estrela brilhando.

A importância das expectativas irracionais

As estrelas não são como outros negócios. Elas abrangem menos de 5% de todos os empreendimentos; contudo, contribuem com mais de 95% do valor de longo prazo. As estrelas não devem ser tratadas da mesma maneira que os demais empreendimentos. As expectativas racionais são ideais para negócios racionalmente

---

* Pessoas que têm acesso a informações sigilosas. (N. do T.)

atraentes: por exemplo, uma vaca leiteira típica. No entanto, as estrelas requerem expectativas irracionais.

O valor de uma estrela é determinado por sua taxa de crescimento e pela quantidade de anos em que ela cresce rápido. Quase todos subestimam em demasia tanto o potencial de crescimento das estrelas como a diferença que o crescimento elevado e sustentável causa para o valor do empreendimento.

Duas coisas: primeiro, nunca venda uma estrela enquanto ela ainda for uma estrela; segundo, faça com que ela cresça muito mais depresssa do que o planejado.

A maioria das estrelas cresce entre 50% e 100% ao ano durante a primeira década, e de 20% a 30% um ano depois disso. Apenas raramente um empreendimento-estrela recém-nascido fica contido pelo tamanho do mercado ou pela concorrência. Muito mais freqüente que ele seja contido pela falta de imaginação e ambição. Pela falta de expectativas irracionais.

Existem sete maneiras de fazer sua estrela crescer mais rápido. Em ordem decrescente de importância:

1. eleve a taxa-alvo de crescimento — uma boa regra prática é dobrá-la;
2. expanda-se geograficamente antes de a concorrência emergir;
3. inove — proporcione novo valor aos produtos já existentes;
4. inove — forneça novos produtos valorizados pelos clientes já existentes;
5. inove — utilize novos canais de distribuição para os clientes;
6. inove — encontre novos clientes, semelhantes aos seus clientes principais já existentes;

7. aquisições incrementais — desde que existam benefícios reais para seus clientes já existentes.

Os empreendimentos-estrela merecem pessoas-estrela. Contrate pessoal que já trabalhou em empresas com grande crescimento, e que compreende como é essencial crescer o mais rápido possível. Contrate funcionários que compreendem o DNA da empresa, e se ajustarão a ele. Contrate pessoas que são melhores de modo demonstrável que seu pessoal já existente. Dedique tempo e esforço para o recrutamento.

Não tema o conflito, principalmente entre os proprietários e os gerentes. Não se pode esperar que os gerentes tenham os mesmos interesses dos proprietários. A tendência dos proprietários inteligentes é impelir para o máximo crescimento possível. A tendência dos gerentes inteligentes é fixar expectativas racionais em vez de irracionais, para que possam parecer satisfatórias. Depois de lançar um empreendimento de muito sucesso, os fundadores, em geral, querem aliviar o gás. Eles acham que merecem uma vida mais agradável. E estão certos. Desde que eles não continuem responsáveis pela empresa ou impeçam o máximo crescimento possível para ela.

O crescimento é tudo. Todo progresso se origina de pessoas irracionais com expectativas irracionais. Os empreendimentos-estrela precisam desesperadamente de indivíduos irracionais e obcecados pelo crescimento. Por que ganhar milhões se você pode ganhar megamilhões? Por que fabricar um pequeno dente de engrenagem em sua indústria se pode revolucioná-la, transformando-a em um lugar melhor? O céu está repleto de estrelas, mas as distâncias entre elas são literalmente astronômicas. Por isso, a maior parte do firmamento se encontra vazio. No entanto, em uma noite clara, longe das luzes da cidade, você poderá avistar estrelas.

O mesmo acontece em relação aos negócios. As estrelas são raras. Mas você pode encontrá-las.

Quer você seja um funcionário, um líder empreendedor potencial ou um investidor (de meios enormes ou modestos), uma estrela lhe proporcionará uma vida nova e muito mais rica.

Tente!

Este livro foi composto em Carmina Md BT
e impresso pela gráfica Edigraf sobre papel
pólen soft 70g para a Ediouro, em agosto de 2008.